Politik, Wirtschaft und Sozialkunde unterrichten

ZpB
Sonderausgabe
für die Zentralen für politische Bildung
in Deutschland

Schriften zur Didaktik der Sozialwissenschaften in Theorie und Unterrichtspraxis

herausgegeben von
Sabine Manzel
Thomas Goll

Band 1

Sabine Manzel
Thomas Goll (Hrsg.)

Politik, Wirtschaft und Sozialkunde unterrichten

Nach didaktischen Prinzipien oder Konzepten oder ganz anders?

Verlag Barbara Budrich
Opladen • Berlin • Toronto 2013

Bibliografische Information der Deutschen Nationalbibliothek
Die Deutsche Nationalbibliothek verzeichnet diese Publikation in der Deutschen Nationalbibliografie; detaillierte bibliografische Daten sind im Internet über http://dnb.d-nb.de abrufbar.

Gedruckt auf säurefreiem und alterungsbeständigem Papier.

www.budrich-verlag.de

ISBN 978-3-8474-0039-4 (Paperback)
eISBN 978-3-86649-519-7 (eBook)

Umschlaggestaltung: Walburga Fichtner, Köln
Satz: Susanne Albrecht, Leverkusen
Druck: paper & tinta, Warschau
Printed in Europe

Inhalt

Sabine Manzel und Thomas Goll
Einleitung: Politik, Wirtschaft und Sozialkunde Unterrichten nach didaktischen Prinzipien oder Konzepten oder ganz anders? 7

I Theoretische Ansätze und didaktische Bausteine

Thomas Goll
Konzeptorientiertes Unterrichten im sozialwissenschaftlichen Unterricht – Grundannahmen und Konsequenzen 11

Sabine Manzel
Fachkonzepte und der Cognitive Apprenticeship-Ansatz – Ein Modell für kompetenzorientiertes Unterrichten im Politik-Unterricht 25

Thomas Bienengräber
Unterrichtsvorbereitung in der Berufspädagogik nach dem allgemeindidaktischen Ansatz von Posch, Schneider und Mann 37

Andreas Blätte
„Case Teaching" als Impuls für fallbasiertes Lehren und Lernen im Politikunterricht 53

II Praxisbeispiele für den Politik-/SoWi-Unterricht

Sabine Manzel
Die Fachkonzepte Gemeinwohl und Nachhaltigkeit in politischen Fallbeispielen zu „Umwelt" aufdecken 65

Dorothee Gronostay
Politisch-ökonomische Unterrichtsplanung am Beispiel Mindestlohn 83

Dennis Neumann
Das soziologische Konzept „Identität“ als Lerngegenstand sozialwissenschaftlichen Unterrichts 105

Susanne Gerngroß (ehemals Schäfer)
Planspiele im Politikunterricht – Die Schokoladenrichtlinie der EU simulieren 117

Autorinnen und Autoren 137

Einleitung: Politik, Wirtschaft und Sozialkunde Unterrichten nach didaktischen Prinzipien oder Konzepten oder ganz anders?

Sabine Manzel und Thomas Goll

Die Frage nach „gutem Unterricht" treibt alle Unterrichtsdisziplinen um. Gerade seit PISA ist der Legitimationsdruck seitens der Öffentlichkeit, den Eltern und den Kultusministerien auf den Schulunterricht angewachsen. Lehrer/-innen müssen sich die Frage gefallen lassen, wozu sie was, wann und wie in ihrem Unterricht machen. Lehramtsausbildende suchen nach Antworten, wie sie „gute Unterrichtmodelle" an künftige Lehrkräfte vermitteln können. Eine Tagung an der Universität Duisburg-Essen thematisierte genau diese Suche nach dem „guten Politikunterricht".

Im Bundesland NRW umfasst die Politische Bildung an Schulen eine sozialwissenschaftliche Bildung mit den Disziplinen Politik, Wirtschaft und Soziologie. Im folgenden Band kommen daher Autor/-innen zu Wort, die Modelle für guten Politikunterricht präsentieren und Planungsideen entwickeln mit Schwerpunktsetzungen auf den unterschiedlichen Domänen. Im ersten Teil werden theoretische Ansätze und didaktische Bausteine des Unterrichtens vorgestellt.

Thomas Goll zeichnet die Entwicklung der Debatte um Basis- und Fachkonzepte in der Politischen Bildung seit der Einführung der KMK-Bildungsstandards 2004 bis heute nach und stellt sich die Frage, ob eine Konzeptorientierung generell als ein didaktisches Prinzip gesehen werden kann. Dabei stellt er die bisherigen Ansätze vor, und vergleicht das Fachkonzeptmodell von Weißeno et al. (2009) mit den verschiedenen Ansätzen der Autorengruppe Fachdidaktik (2010).

Sabine Manzel verknüpft das Modell der Basis- und Fachkonzepte der Autorengruppe um Weißeno (2009) mit dem Cognitive-Apprenticeship-Ansatz. Ziel ist es, ein Modell zu entwickeln, um kompetenzorientiert Politik zu unterrichten. Instruktionale und konstruktivistische Anteile im Lehr-Lernprozess ermöglichen eine Erweiterung oder Veränderung der eigenen Wissensnetze von Schüler/-innen.

Thomas Bienengräber zeigt an dem allgemeindidaktischen Ansatz von Posch, Schneider und Mann, wie auch herkömmliche Konzeptideen mit neuen Modellen wie dem Angebots-Nutzungs-Modell von Helmke (2011) vereinbar sind. Die Unterrichtsvorbereitung muss mehrere Blickrichtungen auf das Geschehen im Klassenzimmer berücksichtigen, um alle Strukturelemente optimal für Lernprozesse einzusetzen.

Andreas Blätte rezipiert das amerikanische Prinzip der Case Studies und stellt Bezüge zum didaktischen Konzept des Fallprinzips im Politikunterricht her. Dabei betont er den Nutzen fallorientierten Lehrens und Lernens im Hinblick auf den konzeptuellen Wissenserwerb anhand authentischer und komplexer Fallbeispiele aus der politischen Realität.

Der zweite Teil des Bandes bietet Praxisbeispiele zur Umsetzung im Politik-/SoWi-Unterricht. Einzelne Unterrichtsverlaufspläne und Materialien als Kopiervorlage ermöglichen es Lehrkräften, im Schuldienst mit wenig Vorbereitungsaufwand konzeptorientiert zu unterrichten.

Sabine Manzel führt im ersten Praxisbeitrag in die Konzeptorientierung und das Unterrichten mit Fachbegriffen ein. An Beispielen zur Umweltpolitik anhand der Problemstellung „Nachhaltige Entwicklung – Einschränkung von Freiheit und Wohlstand oder Chance für Wachstum und Gerechtigkeit?“ zeigt sie, wie die Bildung von Fachkonzepten wie Gemeinwohl und Nachhaltigkeit bei Schüler/-innen angeregt werden kann. Entscheidend ist, dass die Lehrkräfte selbst mit den Fachkonzepten und der Begrifflichkeit vertraut sind, um Schüler/-innen kognitiv zu aktivieren und Lernfortschritte zu erzielen. Fünf Schritte können Lehrkräfte bei der Planung von Unterricht unterstützen.

Dorothee Gronostay thematisiert die Problematik, dass ein politisches Konzeptmodell nicht automatisch auf Wirtschaftskonzepte übertragbar ist. Da es aber ein wirtschaftswissenschaftliches Modell bislang noch nicht gibt, fokussiert sie sich bei der Thematik um Mindestlohn in ihrer Unterrichtsplanung auf die politischen Fachkonzepte „Interessengruppen“, „Markt“ und „Gerechtigkeit“. Ihr Beitrag bietet Anregungen zur politisch-ökonomischen Unterrichtsplanung am Beispiel der Kontroverse um die Einführung eines gesetzlichen Mindestlohns in Deutschland: „Gesetzlicher Mindestlohn – Jobkiller oder Ausweg aus prekärer Beschäftigung?“

Dennis Neumann steht bei der Schwerpunktsetzung auf Soziologie-Bausteine im SoWi-Unterricht vor ähnlichen Schwierigkeiten, die sich aus den eigenständigen wissenschaftlichen Bezugsdisziplinen des Unterrichtsfachs ergeben und dem Fehlen eines soziologischen oder integrativen Modells von Basis- und Fachkonzepten. Sein Unterrichtbeispiel behandelt daher den Begriff soziologische „Identität“ mit Rekurs auf Rollenkonzepte und Vernetzungsmöglichkeiten zu politischen Fachkonzepten wie Gleichheit und Gerechtigkeit.

Susanne Gerngroß stellt die Methode des Planspiels mit einer Unterrichtsanregung für eine EU-Ratssimulation zur Energiepolitik nach Fukushima vor. Sie erläutert grundlegend die Funktionsweise und Phasen eines Planspiels. Insbesondere in der aktiven Auseinandersetzung im handlungsorientierten Spiel anhand politischer Fallbeispiele wird der Vorteil dieser Makromethode für eigenverantwortliches Lernen und kumulatives Lernen deutlich.

Die Herausgeberin und der Herausgeber danken den Autorinnen und Autoren für die produktive Zusammenarbeit.

Essen und Dortmund, November 2012

Sabine Manzel und Thomas Goll

I Theoretische Ansätze und didaktische Bausteine

Konzeptorientiertes Unterrichten im sozialwissenschaftlichen Unterricht – Grundannahmen und Konsequenzen (Eine Zwischenbilanz)

Thomas Goll

Mit den didaktischen Prinzipien, wie z. B. der Handlungs- und der Zukunftsorientierung, ist das so eine Sache. Ganz abgesehen davon, dass die Begrifflichkeit zwischen Prinzipien und Orientierungen schwankt, ist ihr fachlicher Bezug nicht per se geklärt, sondern ergibt sich erst aus ihrer konkreten Anwendung (vgl. Detjen 2007: 319). Zugleich scheinen sie und ihre jeweiligen Ausprägungen gewissen Modetrends zu unterliegen, was z. B. an dem steten Pendeln zwischen Schüler- und Sachorientierung zu beobachten ist. Seit der Wendung zur Kompetenzorientierung – auch ein neues didaktisches Prinzip – tritt nun auch die Konzeptorientierung zu der prinzipiell unabgeschlossenen Liste (fach)didaktischer Prinzipien bzw. Orientierungen hinzu. Zu klären ist damit im Folgenden zunächst der Status fachdidaktischer Prinzipien, dann die Positionierung der Konzeptorientierung innerhalb der fachdidaktischen Prinzipien sowie ihre Implikationen inhaltlicher wie methodischer Art.

1. Der Status fachdidaktischer Prinzipien

Nach Sander lassen sich didaktische Prinzipien „als Modalitäten didaktischen Denkens verstehen, die es erlauben, Ausschnitte aus der komplexen Vielfalt des Politischen zu bilden, die […] als Lerngegenstände politischer Bildung geeignet sind" (Sander 2008: 190). Auch Reinhardt betrachtet sie in Anlehnung an Gagel als Instrumente der Inhaltsstrukturierung, welche „die Differenzierung und Integration unterschiedlicher Wissensformen [leisten]", um so „im Unterricht eine Realität sui generis hervorzubringen" (Reinhardt 2005: 13). Für Detjen stellen sie „grundlegende Handlungsregeln für die Planung und Lenkung von Unterricht" dar (Detjen 2007: 319). Didaktische Prinzipien haben demnach zwei Seiten: Einerseits helfen sie bei der Inhaltsauswahl und der Strukturierung der Lerngegenstände, andererseits haben sie eine methodische Funktion, indem sie das Unterrichtsgeschehen steuern. Reinhardt geht deshalb einen Schritt weiter und verbindet didaktische Prinzipien mit Unterrichtsmethoden – und zwar so, dass sie postuliert, dass als fachdidaktische

Prinzipien nur solche gelten können, die sich in einer spezifischen Unterrichtsmethode konkretisieren (Reinhardt 2005: 8). Auch wenn diese Verbindung sich eher pragmatisch ableiten als theoriebezogen begründen lässt und in ihrer Zuspitzung zu Recht kritisiert wurde (vgl. Detjen 2007: 321), so bietet sich damit doch ein Ansatz fachdidaktische und allgemeindidaktische Prinzipien zu unterscheiden bzw. die Bedingungen zu klären, die gelten müssen, will man überhaupt von fachdidaktischen Prinzipien reden, zu denen dann ja auch die Konzeptorientierung zu zählen wäre.

Während allgemeindidaktische Prinzipien keinerlei Fachspezifik aufweisen und für jeglichen Unterricht Orientierung bieten, bedarf es einer engen fachbezogenen Ausprägung, um von fachdidaktischen Prinzipien reden zu können. Reinhardt (2005: 75-159) benennt und entfaltet sechs solcher fachdidaktischer Prinzipien: Konflikt-, Problem-, Handlungs-, Zukunftsorientierung, Fallprinzip und politisch-moralische Urteilsbildung. Sander identifiziert mit den didaktischen Prinzipien – er verwendet den Begriff fachdidaktische Prinzipien nur in der Fußnote, meint diese hier aber – Adressatenorientierung, Exemplarisches Lernen, Problemorientierung und Kontroversität vier wesentliche „Tools für die Auswahl und inhaltliche Strukturierung von Lerngegenständen" (Sander 2008: 197), ergänzt um die zwei eher methodisch zu verstehenden didaktischen Prinzipien Handlungs- und Wissenschaftsorientierung (2008: 190-200). Detjen, der didaktische Prinzipien als „Klugheitsprinzipien" (Detjen 2007: 321) versteht, zählt zu ihnen kategoriales und exemplarisches Lernen ebenso wie das Kontroversitätsprinzip, Problem-, Schüler-, Handlungs- und Wissenschaftsorientierung (Detjen 2007: 319-339).

Tabelle 1: Fachdidaktische Prinzipien im Vergleich

Detjen 2007	Reinhardt 2005	Sander 2008
Problemorientierung	Problemorientierung	Problemorientierung
Kontroversitätsprinzip	Konfliktorientierung	Kontroversität
Handlungsorientierung	Handlungsorientierung	Handlungsorientierung
Exemplarisches Lernen	Fallprinzip	Exemplarisches Lernen
	Zukunftsorientierung	
	politisch-moralische Urteilsbildung	
Schülerorientierung		Adressatenorientierung
Wissenschaftsorientierung		Wissenschaftsorientierung

Quelle: eigene Darstellung

Während über die Prinzipien Problem- und Handlungsorientierung anscheinend Einigkeit besteht, wenngleich die Begründungen unterschiedlich sind, muss die Frage erlaubt sein, ob Exemplarisches Lernen dasselbe meint wie das Fallprinzip (nach Reinhardt nicht, nach Detjen sehr wohl; Reinhardt

2005: 8; Detjen 2007: 321). Gleiches gilt für das Kontroversitätsprinzip bzw. die Konfliktorientierung, die begrifflich und inhaltlich weit auseinanderliegen. Die eigenen Schwerpunkte fachdidaktischer Akzentuierung lassen sich des Weiteren gut erkennen im Unterschied von Schüler- und Adressatenorientierung sowie in der Betonung der Politisch-moralischen Urteilsbildung bzw. der Wissenschaftsorientierung. Wenn Konzeptorientierung in den allgemeinen Kanon von fachdidaktischen Prinzipien eingehen soll, dann muss sie mehr sein als eine „Vorliebe" oder aktuelle Modeerscheinung. Sie muss sich als Instrument der Inhaltsstrukturierung und der Unterrichtssteuerung begründen lassen.

2. Konzeptorientierung – ein fachdidaktisches Prinzip?

Mit der Wendung zur Kompetenzorientierung stellt sich wieder auch die Frage nach den Inhalten neu. Ist Wissen den Kompetenzen vor- oder eingelagert, wie es das GPJE-Modell nahelegt (GPJE 2004: 14), oder ist es eine Kompetenz und damit Element von Kompetenzmodellen, wie neuere Modelle postulieren (vgl. Weißeno 2012: 165-174). Unstrittig ist, dass Schülerinnen und Schüler über Vorwissen verfügen, wenn sie im Unterricht mit weiteren Wissensbeständen konfrontiert werden. Dass der Unterricht die Wissensbestände der Lernenden und des Faches miteinander in Beziehung setzen muss, will er überhaupt Wissen vermitteln, ebenso. Und dass der Terminus, der die mentale Organisation des Wissens bezeichnet, heute Konzept lautet, dass also von konzeptuellem Wissen gesprochen wird, braucht nicht mehr gesondert begründet zu werden. Es gibt keine ernstzunehmende fachdidaktische Position, die im Zusammenhang mit Wissen nicht von Konzepten sprechen würde (vgl. Autorengruppe Fachdidaktik 2011; Goll 2011; Weißeno et al.: 2010). Man könnte daher auch von einer kognitionspsychologischen Wende der Fachdidaktik sprechen, die andere Möglichkeiten fachdidaktischen Denkens und Argumentierens zurzeit in den Hintergrund hat rücken lassen.

Der Wissenserwerb der Schülerinnen und Schüler ist damit zum Dreh- und Angelpunkt der aktuellen fachdidaktischen Diskussion geworden. Ausgangspunkt aller Konzeptorientierung ist jedoch die Expertise „Zur Entwicklung nationaler Bildungsstandards". Hier heißt es:

„Mit Bildungszielen verknüpft sich meist auch ein bestimmtes Verständnis der Bedeutung, die ein Fach oder Lernbereich für die persönliche Entwicklung hat und worin seine gesellschaftliche Funktion besteht. Ist das Erlernen von Fremdsprachen auf kommunikatives Handeln ausgerichtet oder eher auf eine systematische Einführung in Sprache und Kultur? Besteht mathematische Bildung in der Kenntnis von Lösungsmustern und der Beherrschung von Verfahren, oder eher in der Fähigkeit zur Modellierung von Situationen? Welche Bedeutung haben das Verständnis von Grundkonzepten wie ‚Energie' und ‚Stoffwechsel' und das hypothesengeleitete Denken für eine naturwissenschaftliche Allgemeinbildung? Die Bestimmung von Bildungszielen fordert deshalb auch eine Verständigung darüber, was den Kern von Lernbereichen und Fächern ausmacht." (BMBF 2003: 20).

Konzepte bzw. Basiskonzepte umschreiben damit im Kontext der Standardisierung des Bildungswesens den Kernbereich des in der Schule zu vermittelnden fachlichen Wissens. In die fachdidaktische Diskussion eingegangen ist die aus der Didaktik der Naturwissenschaften übernommene Definition von Basiskonzepten als

„die strukturelle Vernetzung aufeinander bezogener Begriffe, Theorien und erklärender Modellvorstellungen, die sich aus der Systematik eines Faches zur Beschreibung elementarer Prozesse und Phänomene historisch als relevant herausgebildet haben. Die fachdidaktische und lerntheoretische Aufbereitung führt zu einer Auswahl und Rekonstruktion dieser Konzepte im Sinne der grundlegenden und für Lernende nachvollziehbaren Ausschnitte und damit zum Begriff der Basiskonzepte. Diese streben eine Eingrenzung und auf Schule und Unterricht bezogene Sichtweise der wissenschaftlichen Konzepte an. Basiskonzepte eröffnen Schülern auf diese Weise die spezifisch naturwissenschaftliche Sicht auf die Welt" (Demuth u.a. 2005; zit. n. Henkenborg 2008: 79).

Anders ausgedrückt werden Basiskonzepte als die didaktisch ausgewählten wissenschaftlichen „Brillengläser" verstanden, die bei der Betrachtung, Erklärung und Beeinflussung von Phänomenen der Welt – in unserem Fall der politischen Welt – im Unterricht zum Einsatz kommen. Und das macht die Sache schwierig, denn Kontroversitätsgebot und Überwältigungsverbot gelten selbstredend auch für die Vermittlung von Konzepten. Die Schwierigkeiten liegen daher zum einen in der Auswahl und im Zuschnitt der Konzepte, zum anderen im Umgang mit den Präkonzepten der Lernenden. Hier unterscheiden sich die Vorstellungen, auch wenn der Ausgangspunkt ein gemeinsamer ist: die Arbeit mit und an konzeptuellem Wissen unter Einbeziehung des Vorwissens der Lernenden zur Förderung von vernetzten Denk- bzw. Wissensstrukturen. Die entscheidenden Knackpunkte sind die Beurteilung der Präkonzepte der Lernenden (Alltags- oder Fehlkonzepte?) und die damit einhergehende Vorstellung vom didaktischen Dreieck, also der Beziehung zwischen den Polen Lehrende-Lernende-Sache.

Hier bricht sich die Konstruktivismuskontroverse Mal bahn. Im Kern geht es bei der Auseinandersetzung um Basis- und Fachkonzepte gar nicht darum, wie Wissen abgelegt wird, sondern auf welche Weise man die Wissensstrukturen beeinflussen kann und vor allem darf. Der wissenschaftliche Diskurs in der Politikdidaktik um Basis- und Fachkonzepte änderte seinen Charakter nicht von ungefähr durch die mitunter eher moralisch als sachlich geführte Debatte um die beispielhafte Skizze einer Unterrichtsplanung in dem Band „Konzepte der Politik" (Weißeno et al. 2010: 196-212). Die vorher relativ geräuschlos ablaufende Diskussion gewann an Dynamik, so dass ein Gegenentwurf in Gestalt des Bandes „Konzepte der politischen Bildung", der sich selbst „Eine Streitschrift" nennt (Autorengruppe Fachdidaktik 2011), publiziert wurde.

Tabelle 2: Die Diskussion um Basis- und Fachkonzepte im chronologischen Verlauf

Phase I: Prolog	Formulierung der Standards – „konzeptuelles Deutungswissen" als Formel (2004)
Phase II: Die Aufstellung des Feldes	GPJE-Tagung in Brühl (2006): Ziel einer Fortentwicklung der Bildungsstandards (Vorschläge für Fundamental-/Basiskonzepte) – Beiträge in „Politikkompetenz" (Weißeno 2008) / parallel Erarbeitung anderer Vorschläge (Sander 2008)
Phase III: Oberfläche und verdeckte Konfliktlinien	GPJE-Tagung in Wien 2009 – Beiträge u.a. von Henkenborg und Juchler in „Kompetenzen in der politischen Bildung" (Juchler 2010)
Phase IV: Der Ausbruch des Konflikts	„Konzepte der Politik" (2010) – „Eskalation" auf der GPJE-Tagung in Dortmund 2010 – Niederschlag in „Politikdidaktische Basis- und Fachkonzepte" (Goll 2011)
Phase V: Die Formierung der „Schlachtordnung"	Gegenentwurf „Konzepte der politischen Bildung" (2011) – Austrag auf der GPJE-Jahrestagung in Potsdam 2011 und bei den Beutelsbacher Gesprächen in Bad Urach 2012

Quelle: eigene Darstellung

Die beiden antipodischen Publikationen – „Konzepte der Politik" und „Konzepte der politischen Bildung" – kann man besonders gut Konsequenzen einer Konzeptorientierung im Politikunterricht ableiten. Damit ist die Bedingung erfüllt, dass man von didaktischem Prinzip nur reden könne, wenn mit dieser Orientierung tatsächlich „grundlegende Handlungsregeln für die Planung und Lenkung von Unterricht" (Detjen 2007: 319) verbunden sind. Zumindest die Aufgeregtheit in der scientific community spricht dafür, dass eine Orientierung an Konzepten Auswirkungen auf die Unterrichtsplanung und die Unterrichtspraxis hat.

Aktuell lassen sich grob folgende Gegensätze unterscheiden:

a) politikwissenschaftliche vs. sozialwissenschaftliche Konzeptbildung;
b) Experten-Novizen-Modell vs. konstruktivistisches Modell.

2.1 Konzepte der Politik

Das erklärte Ziel der „Konzepte der Politik" ist die Beschreibung einer inhaltsbezogene Politikkompetenz (Weißeno et al. 2010: 10): „Basiskonzepte (key concepts) bezeichnen einige wenige zentrale Prinzipien bzw. Paradigmen der Domäne. Sie sind die Major-Ideen eines Faches" (ebd.: 11). Damit stellen sie als Werkzeuge die „Grundlage für den systematischen Wissensaufbau dar und dienen der horizontalen und vertikalen Vernetzung des Wissens im Unterricht" (ebd.: 48). Inhaltlich werden „Ordnung, Entscheidung und Gemeinwohl" deshalb als Basiskonzepte definiert, weil sie „zum Verständnis des Politischen unverzichtbar [sind] und […] der Domäne eine Struktur [geben], die sie von anderen Domänen […] unterscheidet" (ebd.: 11).

Abbildung 1: Basis- und Fachkonzepte nach Weißeno et al.

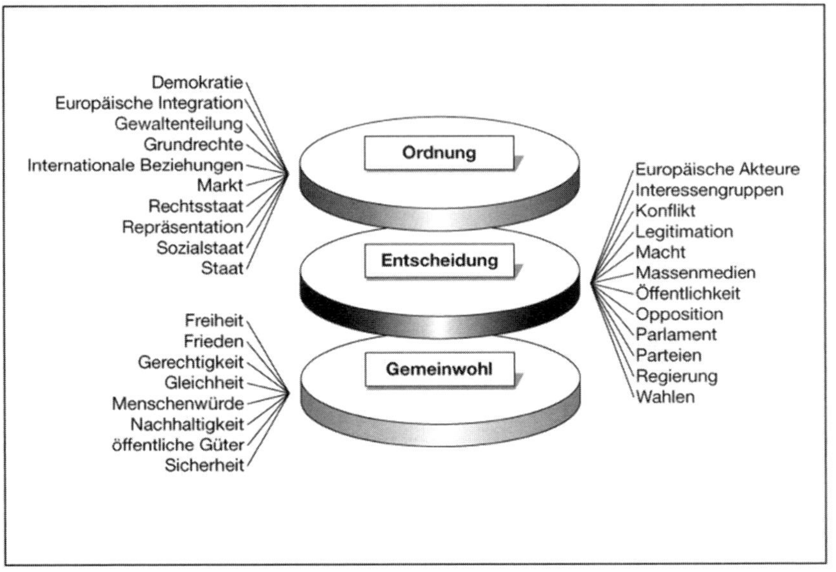

Quelle: Weißeno et al. 2010: 71

Allerdings müssen die Basiskonzepte „erst durch Fachkonzepte konkretisiert werden" (ebd.: 11; s. Abbildung 1):

„Basiskonzepte lassen sich weiter ausdifferenzieren in Fachkonzepte, also spezifische Konzepte der Domäne Politik. Fachkonzepte umfassen das den Basiskonzepten zugeordnete Grundlagenwissen. Welche Fachkonzepte ein Basiskonzept konstituieren, ist nicht beliebig, sondern eine Auswahl, die auf der Grundlage politikwissenschaftlicher Theorien und mit Blick auf politische Bildung hin erfolgt. Die Basiskonzepte begründen die Perspektive, mit denen die Fachkonzepte vorrangig im Unterricht betrachtet werden sollten. [...] Dennoch ist die Zuordnung von Fach- zu Basiskonzepten nicht streng logisch herzuleiten" (ebd.: 48f.).

Der Umgang mit den Konzepten im Unterricht ist jedoch keineswegs instruktional im Sinne eines „Nürnberger Trichters" gedacht, im Gegenteil wird ausdrücklich festgestellt, „dass der Unterricht nicht auf die direkte Vermittlung von Fachkonzepten zurückgreifen kann, sondern bei der Behandlung der Themen auf ihre bewusste Verwendung achten muss" (ebd.: 13). Politikunterricht beinhaltet damit auch „Spracharbeit, bei der Alltagsbegriffe durch Fachbegriffe bereichert werden" (ebd.: 51). Prinzipiell baut dieses Modell auf eine an den Präkonzepten der Lernenden ansetzende und sich in wechselnden Kontexten vollziehende Auseinandersetzung mit Fachkonzepten, „so dass ihre Vertiefung, Vernetzung und zunehmende Strukturierung, also Lösung von den konkreten Kontexten erfolgen kann" (ebd.: 51). Die Präkonzepte der Lernenden werden in ihrer gesamten Bandbreite wahrgenommen. Sie „können richtig oder falsch, differenziert oder vage sein" (ebd.: 50). Im Gegensatz dazu werden die fachlichen Konzepte als „per definitionem richtig", weil sie

„den hier aufgeführten Definitionen und wissenschaftsorientierten Erläuterungen [entsprechen]. Nur vor dem Hintergrund der Konzepte lassen sich daher Präkonzepte in ihrer Qualität beurteilen. Fehlvorstellungen bzw. Fehlkonzepte (misconceptions) sind Abweichungen vom Fachkonzept, die sich als falsch kennzeichnen lassen und für die ein Konzeptwechsel nötig ist [...]. Ob eine Abweichung noch zu tolerieren ist oder ob sie schon ein Fehlkonzept darstellt, ist in der Praxis nicht immer einfach zu erkennen" (ebd.: 50).

Die zentralen Kritikpunkte an dem vorgelegten Modell beziehen sich im Kern auf zwei Punkte. Das sind die Grundlegung der Basis- und Fachkonzepte über die Politikwissenschaft sowie die Vorstellung, dass „richtige" wissenschaftsbasierte Konzepte einen Maßstab für die Beurteilung und Bearbeitung der Präkonzepte der Lernenden darstellen.

2.2 Konzepte der politischen Bildung

Auch die Ausgangsfrage der „Konzepte der politischen Bildung" ist die nach dem Wissen, und nach seiner Vermittlung. Bedingt durch die Struktur des Bandes – anders als bei den „Konzepten der Politik" liegt kein abgestimmter Gesamtentwurf vor, sondern eine Aneinanderreihung einzelner Positionen – lässt sich im Kern vor allem das „Gegen" ausmachen, auch wenn am Ende ein Gegenentwurf umrissen wird. Die Autoren wenden sich gegen eine von ihnen ausgemachte Verengung auf die Politikwissenschaft als zentrale Bezugswissenschaft und fordern, wie z. B. Hedtke, statt political science literacy eine civic literacy anzustreben (Hedtke 2011: 55). Beklagt wird von ihm und von Sander die zu starke Eindeutigkeit der Begriffe statt einer gebotenen Offenheit, so dass man im Unterricht Begriffslisten abarbeiten müsse (Sander 2011: 22). Überhaupt seien, so Lange, „Konzepte [...] keine Träger von Informationen, sondern Erzeuger von Sinn" (Lange 2011: 95). Unter Bezugnahme auf Grammes heißt es bei ihm zum Status von Konzepten:

„Fachlichkeit [wird] sowohl durch alltägliches wie durch wissenschaftliches Wissen hergestellt. Es handelt sich um Wissensformen, die sich graduell, aber nicht substanziell unterscheiden [...]. Das alltägliche Wissen [...] baut sich in Form subjektiver politischer Sinnbildungen und Sinnbilder auf. Es wird zu wissenschaftlichem Wissen, je stärker es methodisch kontrolliert wird, auf einheitlicher Begrifflichkeit beruht, im Diskurs mit anderen besteht und auf die Generierung von ‚Wahrheit' zielt" (ebd.: 98).

Zusammenfassend prägt den Gegenentwurf die Abgrenzung von „trägem Bildungswissen" (Autorengruppe Fachdidaktik 2011: 163) und „Instruktionspädagogik“ (ebd.: 166), die man ausgemacht haben will, sowie der Bezug auf Sozialwissenschaften statt der Politikwissenschaft (ebd.: 164). Subjektive Konzepte werden einer postulierten „Begriffsdidaktik“ (ebd.: 166f.) entgegensetzt, da ansonsten eine „Defizitorientierung“ in Hinsicht auf die Lernenden gegeben sei (ebd.: 167). Basiskonzepte werden daher nur „als Leitideen“ (ebd.: 168) verstanden, die pragmatisch abzuleiten seien, nicht jedoch exakt zu definieren. Dementsprechend fungiert das vorgelegte Modell (ebd.: 169f.; s. Abbildung 2) als work in progress. Der „Werkstattcharakter“ (ebd.: 168) wird extra hervorgehoben.

Abbildung 2: Basis- und Fachkonzepte der Autorengruppe Fachdidaktik

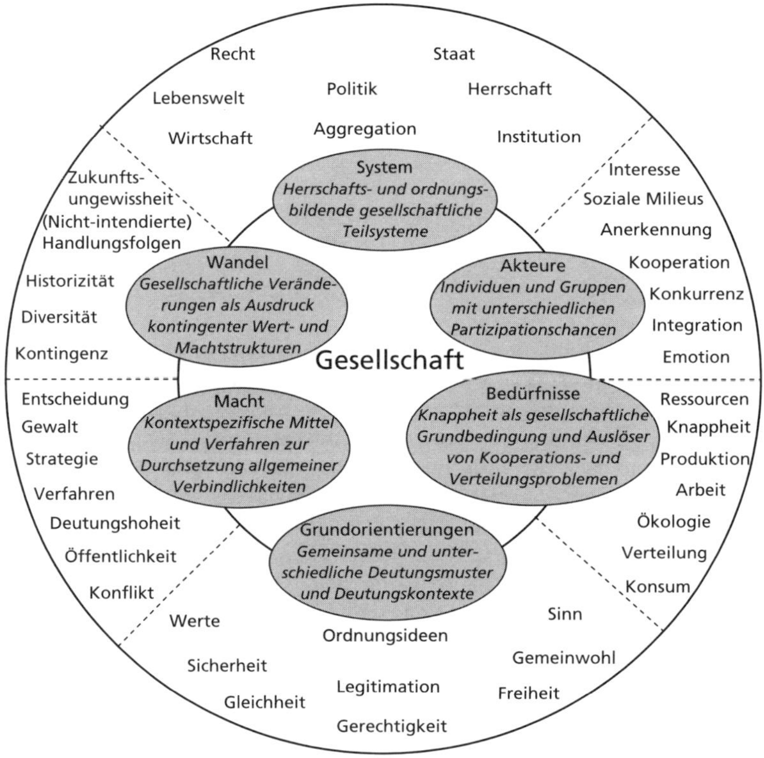

Quelle: Autorengruppe Fachdidaktik 2011, S. 170

Die Kritik der Kritik wird von Weißeno kurz und bündig als „antiquiert“ zurückgewiesen (Weißeno 2012: 175). Eine moderne kognitionspsychologisch grundgelegte Politikdidaktik treffe mit einer bildungstheoretisch fundierten zusammen, die lediglich eine normative Methodik biete und keinerlei belastbare empirische Belege zu ihrer Wirksamkeit aufweisen könne (vgl. ebd.: 174f.).

Ergänzen müsste man, dass einer der Hauptvorwürfe gegen das Modell von Weißeno et al., es bestehe die Gefahr bloßen Begriffslernen, gegen das noch umfassendere Modell der Autorengruppe genauso gerichtet werden kann. Offen muss des Weiteren bleiben, in welche Form Unterricht die einzelnen Fachkonzepte miteinander verbinden kann und wer dafür den Maßstab liefert, ob und wann solche Verbindungen dann plausibel sind. Der Rückbezug auf Fachwissenschaft(en) kann auch hier nicht ausbleiben, da sonst ein zentrales didaktisches Prinzip des Faches verfehlt würde, seine Wissenschaftsorientierung.

3. Implikationen inhaltlicher wie methodischer Art

Bei der Frage nach den Bezugsdisziplinen des Faches handelt es sich um eine prinzipiell lösbare Herausforderung, wenn man sie nicht zur Grundsatzfrage stilisiert. Dass das nicht nötig und schon gar nicht sinnvoll ist, liegt darin begründet, dass die Domäne schlicht auf politischer Setzung innerhalb von Bundesländern basiert. Ob das Fach nun Sozialwissenschaften heißt und damit neben politikwissenschaftlichen Bezügen auch soziologische und wirtschaftswissenschaftliche hat oder ob es stärker auf Politik hin bezogen konstruiert wird, lässt sich wissenschaftlich nicht herleiten. Wohl aber lässt sich ein Beitrag der jeweiligen Bezugsdisziplinen in Form von zu vermittelnden Konzepten beschreiben, die miteinander in Beziehung gesetzt werden können. Denkbar sind z. B. eingeschachtelte Modelle, nach denen die Domäne Politik als eine Teildomäne der Sozialwissenschaften aufgefasst wird.

Da Konzepte die Inhaltsdimension des Unterrichts strukturieren, kommt es auf den Fachzuschnitt an, welche Konzepte tatsächlich im Fach bzw. in den Fächern des bearbeitet werden. Aber mit den einzelnen Facetten bzw. Teildomänen des Faches verbunden sind auch je spezifische Denk-, Arbeits- und Handlungsweisen. Solch ein Modell (s. Abbildung 3) hat z. B. die Gesellschaft für die Didaktik des Sachunterrichts (GDSU) vorgelegt, deren Fach noch komplexer strukturiert ist, da hier neben den sozial- und kulturwissenschaftlichen Anteilen auch naturwissenschaftliche und technische in einem Fach verortet sind. Dieses Modell könnte zum Nachdenken über die strukturierte Darstellung auch der sozialwissenschaftlichen Konzepte anregen. Denkbar wäre z. B. eine Erweiterung um die Domäne Recht, die im sozialwissenschaftlichen Unterricht nicht nur wegen der Ausbildungssituation des Faches häufig zu kurz kommt (an welcher Universität in Deutschland sind z. B. die Juristen an der Lehramtsausbildung beteiligt?), die jedoch in einem Fach wie Wirtschaft/Recht in Bayern nicht nur ausweislich des Namens eine Anteilsdisziplin ist.

Abbildung 3: Perspektivrahmen Sachunterricht (Entwurf der zweiten Fassung; GDSU 2012)

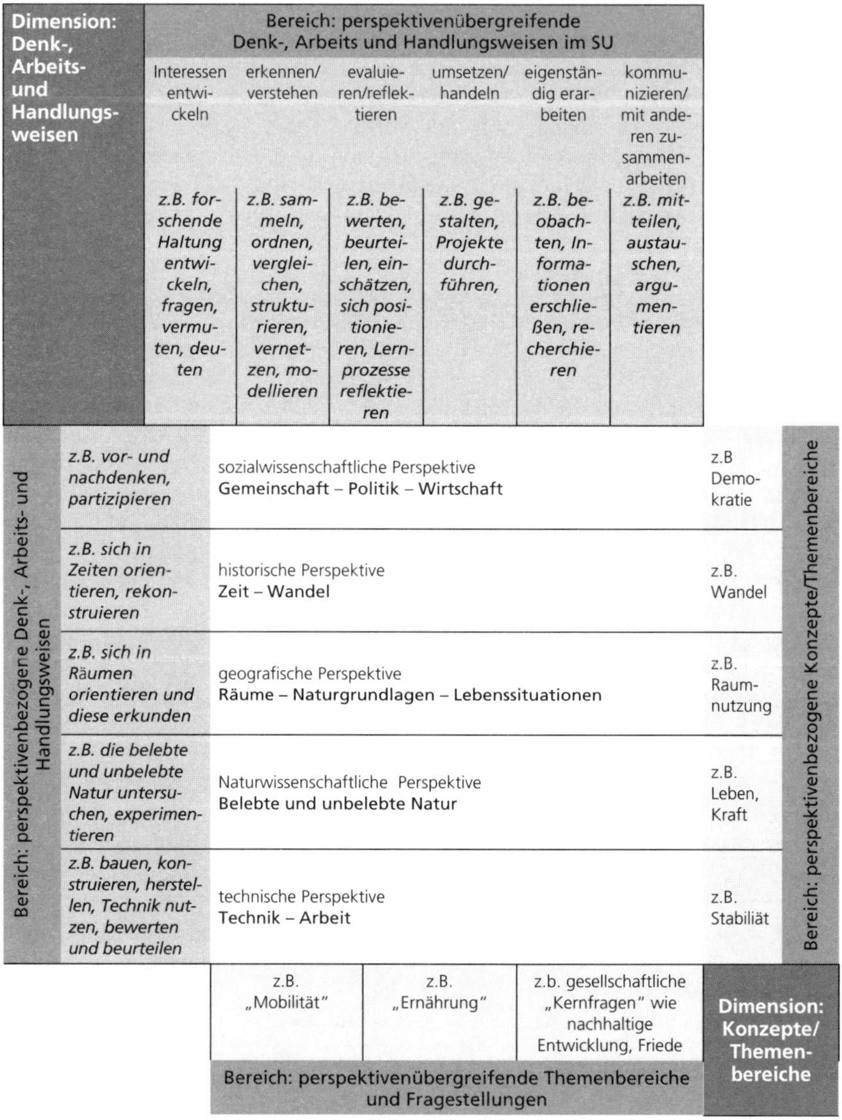

Auch ließen sich neben den fachspezifischen Anteilen (im Perspektivrahmen Sachunterricht heißen diese Perspektiven) disziplinübergreifende bzw. disziplinintegrierende Themen wie auch Denk-, Arbeits- und Handlungsweisen definieren. Mit solch einem Modell könnte der unsägliche Streit um das Fach, seine Anteile und seine Kompetenzbereiche zu den Akten gelegt werden. Es ermöglicht beides: Zum einen die Ausbuchstabierung einzelner Dimensionen, zum anderen die Identifikation und Bearbeitung perspektivübergreifender Felder und damit ggf. auch die Fassung dessen, was man evtl. in Anlehnung an die naturwissenschaftlichen Überlegungen zur Nature of Science auch Nature of Humanities oder Nature of Social Sciences nennen könnte.

Auch der Gegensatz von transmissiven zu konstruktivistischen Konzeptionen von Lehr-Lern-Prozessen ist dann überbrückbar, wenn pragmatisch das Augenmerk auf tatsächliche Lernvoraussetzungen und Lernerfolge gerichtet wird statt auf nur postulierte. Dann könnte die Debatte über Grenzen und Möglichkeiten unterschiedlicher Lehr-Strategien je nach Ziel und Situierung geführt werden. Das setzt aber voraus, dass die empirische Beforschung des Politikunterrichts gerade in Hinsicht auf Konzepte und Konzepterwerb bzw. Konzeptwechsel intensiviert wird. Diese Fundierung der Praxis durch Empirische Forschung zielt zum einen auf die Identifikation der Alltagskonzepte der Lernenden, aber auch von Lehrenden ab, die mit wissenschaftlichen Konzepten in Beziehung gesetzt werden müssen. Weiterhin muss der Unterricht selbst stärker zum Gegenstand der Lehr-Lern-Forschung werden, damit Lern- und Testaufgaben entwickelt und evaluiert werden können, die tatsächlich das Lernen von Konzepten unterstützen und ihr Vorhandensein testen.

Wenig hilfreich ist des Weiteren die Etikettierung der beiden vorliegenden Modelle als Gegenüberstellung von Instruktion und Konstruktion. Sinnvoller wäre es von der prinzipiellen gegenseitigen Ergänzbarkeit kognitionspsychologischer und konstruktivistischer Ansätze auszugehen, wie es heute auch die Pädagogische Psychologie sieht. Evident ist, dass ein Konzeptwechsel durch instruktionspsychologische Bemühungen in der Regel an der Beharrlichkeit der Alltagskonzepte scheitern wird. Der kognitionspsychologische Ansatz setzt daher auf den regelbasierten Wissensaufbau in mentalen Modellen (Propositionen, Skripte, Schemata) und damit auf Lernen durch Einsicht. Der konstruktivistische Ansatz betont dagegen Wissen als kontextgebundenes Werkzeug. Damit einhergehend wird Lernen als Veränderung der Situierung von Wissen verstanden (Schnotz 2006: 78-80). Beide Ansätze ergänzen sich (vgl. Klauer 2006: 699-705). Für die Fachdidaktik bedeutet das, dass keine künstlichen Gräben ausgehoben werden dürfen, wo solche nicht vorhanden sein sollten.

Jegliche Arbeit an Konzepten im Lehr-Lern-Situationen hat Gemeinsamkeiten trotz möglicherweise unterschiedlicher Rahmentheorien: Ein konzeptorientierter Unterricht funktioniert nur, wenn die Schülervorstellungen und Schülerinteressen beachtet werden und wenn Lernen in echten

Kontexten stattfindet, die zum einen nicht nur episodenhaft sind, sondern zum anderen Modellbildung und exemplarisches Lernen möglich machen. Nur so können sowohl Über- als auch Unterforderung der Lernenden, z. B. durch Alleinlassen mit Neuem oder Stehenbleiben bei Präkonzepten, vermieden werden. Und nur durch systematische Konfrontation mit unterschiedlichen Konzepten der Politik entwickeln die Lernenden überhaupt das Bedürfnis über ihre eigenen Konzepte nachzudenken. Dass es dazu Lehrkräften bedarf, die diesen Weg selbst beschritten haben, sollte unstrittig sein, da sonst tatsächlich die Gefahr eines instruktionalistischen Rückfalls besteht. Das setzt jedoch voraus, dass auch die Lehrerbildung in all ihren Phasen konzeptorientiert ist.

Wie der Konzeptwechsel im Kopf der Lernenden vor sich geht, ist eine von der Fachdidaktik nicht zu beantwortende Frage. Aber die Ergebnisse von Konzeptualisierungen müssen thematisiert werden. Da Konzepte nur sprachlich fassbar sind, muss ein konzeptorientierter Politikunterricht kommunikativer Politikunterricht sein. Damit schließt er auf kognitionspsychologischer Basis an fachdidaktische Konzeptionen an, wie sie z. B. Sutor vorgelegt hat. Konzeptorientiertes Lernen ist damit schon immer ein Ziel des Faches gewesen, die Orientierung daran gehört somit zu den didaktischen Prinzipien, deren Fachlichkeit sich in ihrem Vermögen zur Inhaltsstrukturierung und Unterrichtssteuerung erweist.

4. Fazit

Konzepte bezeichnen zentrale Grundvorstellungen innerhalb eines Faches bzw. einer Domäne für den Unterricht an allgemeinbildenden Schulen. Sie entstehen durch fachdidaktische Setzungen und lassen sich verstehen als strukturierte Vernetzung aufeinander bezogener Begriffe, in der Theorien und Modellvorstellungen des Faches bzw. der Domäne Gestalt gewinnen. Für die Sozialwissenschaften sind das Konzepte der Politik, der Soziologie, der Wirtschaftswissenschaft sowie anderer Disziplinen, z. B. des Rechts oder der Geschichte. Diese können disziplinbezogen erarbeitet und dann domänenübergreifend vernetzt werden. Legitim ist es, entweder zunächst die Konzepte einer Disziplin auszuarbeiten oder von dem Konstrukt der Sozialwissenschaften als Integrationsdomäne auszugehen. Beides ist möglich, denn die Funktion von Konzepten besteht darin, die Breite der entsprechenden Bezugswissenschaft auf einen inhaltlich-fachlichen Kern zu reduzieren, um so exemplarisches Lernen zu ermöglichen. Wissen kann daher auf der Grundlage von Konzepten, die das multiperspektivische Denken sowie die Beschränkung auf das Wesentliche fördern, systematisch erarbeitet werden. Diese Erarbeitung des Wissens kann jedoch nur erfolgreich sein, wenn die Lehr-Lern-Prozesse an die Präkonzepte der Lernenden anknüpfen und die fachliche Fundierung von Konzepten bei den Lehrenden tatsächlich gelungen ist. D.h. konzeptorientiertes Unterrichten muss Präkonzepte der Lernenden identifizieren und mit ihnen arbeiten, indem sie diese mit Fachkonzepten konfrontiert. Ziel ist eine dichtere Vernetzung der Konzepte bei den Lernenden und eine Verbesserung der Wissensbestände im Fach.

Anmerkung: Die Überlegungen, den Perspektivrahmen Sachunterricht als Modell für die Strukturierung der Fächer der politischen Bildung aufzugreifen, gründen im fachdidaktischen Diskurs mit Eva-Maria Schauenberg. Sie wird das Modell im Nachwuchsband der GPJE (2013) weiter erläutern.

Literatur

Autorengruppe Fachdidaktik (2011): Konzepte der politischen Bildung. Eine Streitschrift. Mit Beiträgen von Anja Besand, Tilman Grammes, Reinhold Hedtke, Peter Henkenborg, Dirk Lange, Andreas Petrik, Sibylle Reinhardt, Wolfgang Sander. Bonn: Bundeszentrale für politische Bildung.

BMBF (Hrsg.) (2003): Zur Entwicklung nationaler Bildungsstandards. Eine Expertise. Bonn: BMBF.

Detjen, Joachim (2007): Politische Bildung. Geschichte und Gegenwart in Deutschland. München, Wien: R. Oldenbourg-Verlag.

GDSU (2012): Perspektivrahmen Sachunterricht – Überarbeitung. Entwurf.

Goll, Thomas (Hrsg.) (2011): Politikdidaktische Basis- und Fachkonzepte. Schwalbach/Ts.: Wochenschauverlag.

GPJE (Hrsg.) (2004): Anforderungen an Nationale Bildungsstandards für den Fachunterricht in der Politischen Bildung an Schulen. Ein Entwurf. 2. Auflage. Schwalbach/Ts.: Wochen-schauverlag.

Hedtke, Reinhold (2011): Die politische Domäne im sozialwissenschaftlichen Feld. In: Autorengruppe Fachdidaktik: Konzepte der politischen Bildung. Eine Streitschrift. Bonn: Bundeszentrale für politische Bildung, S. 51-68.

Henkenborg, Peter (2008): Kompetenzorientierter Unterricht und kognitives Lernen. Zum Streit über kategoriale Bildung und Basiskonzepte in der Politikdidaktik. In: kursiv 3, S. 76-91.

Henkenborg, Peter (2010): Wissen und Wissensvermittlung im Politikunterricht. In: Juchler, Ingo (Hrsg.): Kompetenzen in der politischen Bildung. Schwalbach/Ts.: Wochenschauverlag, S. 218-232.

Juchler, Ingo (2010): Die Bedeutung von Basis- und Fachkonzepten für die kompetenzorientierte politische Bildung. In: Ders. (Hrsg.): Kompetenzen in der politischen Bildung. Schwalbach/Ts.: Wochenschauverlag, S. 233-242.

Juchler, Ingo (Hrsg.) (2010): Kompetenzen in der politischen Bildung. Schwalbach/Ts.: Wochenschauverlag.

Klauer, Karl Josef (2006): Situiertes Lernen. In: Rost, Detlef H. (Hrsg.): Handwörterbuch Pädagogische Psychologie. 3., überarbeitete und erweiterte Auflage. Weinheim, Basel, Berlin: Beltz, S. 699-705.

Lange, Dirk (2011): Konzepte als Grundlage der politischen Bildung. Lerntheoretische und fachdidaktische Überlegungen. In: Autorengruppe Fachdidaktik: Konzepte der politischen Bildung. Eine Streitschrift. Bonn: Bundeszentrale für politische Bildung, S. 95-109.

Reinhardt, Sibylle (2005): Politik-Didaktik. Praxishandbuch für die Sekundarstufe I und II. Berlin: Cornelsen Verlag Scriptor.

Sander, Wolfgang (2008): Politik entdecken – Freiheit leben. Didaktische Grundlegung politischer Bildung. 3., durchgesehene Auflage. Schwalbach/Ts.: Wochenschauverlag.

Sander, Wolfgang (2008): Was ist der „Kern“ des Fachunterrichts in der politischen Bildung? In: kursiv 3, S. 60-74.

Sander, Wolfgang (2011): Kompetenzorientierung in Schule und politischer Bildung – eine kritische Zwischenbilanz. In: Autorengruppe Fachdidaktik: Konzepte der politischen Bildung. Eine Streitschrift. Bonn: Bundeszentrale für politische Bildung, S. 9-25.

Schnotz, Wolfgang (2006): Conceptual Change. In: Rost, Detlef H. (Hrsg.): Handwörterbuch Pädagogische Psychologie. 3., überarbeitete und erweiterte Auflage. Weinheim, Basel, Berlin: Beltz, S. 77-82.

Weißeno, Georg (2012): Dimensionen der Politikkompetenz. In: Ders. / Buchstein, Hubertus (Hrsg.): Politisch Handeln. Modelle, Möglichkeiten, Kompetenzen. Opladen, Berlin, Farmington Hills: Verlag Barbara Budrich, S. 156-177.

Weißeno, Georg (Hrsg.) (2008): Politikkompetenz. Was Unterricht zu leisten hat. Schwalbach/Ts.: Wochenschauverlag.

Weißeno, Georg / Detjen, Joachim / Juchler, Ingo / Massing, Peter / Richter, Dagmar (Hrsg.) (2010): Konzepte der Politik – ein Kompetenzmodell. Bonn: Bundeszentrale für politische Bildung.

Fachkonzepte und der Cognitive Apprenticeship-Ansatz – Ein Modell für kompetenzorientiertes Unterrichten im Politik-Unterricht

Sabine Manzel

Die empirische Bildungsforschung, zu der sich auch der neu besetzte Lehrstuhl der Didaktik der Sozialwissenschaften in Duisburg-Essen zählt, geht nicht von einem allgemein-humanistischen Bildungsverständnis aus: Narrative Erklärungen reichen nicht aus, um Bildungsprozesse zu analysieren. Vielmehr richtet die empirische Fachunterrichtsforschung ihren Fokus auf die Bildungsrealitäten, insbesondere auf die Institution Schule. Folgende Forschungsfragen stehen im Vordergrund: Wie verlaufen Bildungsprozesse? Wer erwirbt welche Qualifikationen? Wovon hängt der Kompetenzerwerb ab? Im Zentrum der Analyse von Schulunterricht stehen somit Lehr-Lernprozesse in den einzelnen Domänen, die Sozialisation von Kindern und Jugendlichen sowie der ökonomische und organisatorische Kontext von schulischen Einrichtungen im Gefüge von ministerialen Rahmenvorgaben, Elternschaft, Lehrkräften und Schulleitung. Aus diesen Forschungsperspektiven lässt sich die Frage beantworten, wozu empirische Bildungsforschung in den einzelnen Domänen überhaupt notwendig ist. Hauptziel ist die Verbesserung von Unterrichtsprozessen mit dem Ziel des Kompetenzerwerbs (Gräsel, 2011). Dabei kann die empirische Bildungsforschung Argumente liefern für Bildungsentscheidungen. Lässt sich beispielsweise feststellen, dass ein Migrationshintergrund ungleiche Bildungschancen in Deutschland produziert, gibt es mittlerweile in NRW bereits im Kindergarten eine gezielte Sprachförderung auf Basis des Sprachtests Delfin 4, damit gleiche Eingangsbedingungen für die Grundschule sicher gestellt werden können. Um schulische Wirklichkeit zu erforschen, bedient sich die Bildungsforschung empirischer Methoden aus der Psychologie oder Sozialwissenschaft wie quantitativer und qualitativer Messungen (Gniewosz, 2011). Neu ist seit PISA die Output-Orientierung, bei der die Schüler/-innen stärker in den Blick geraten.

Welche Chancen bietet die empirische Bildungsforschung für die Didaktik der Sozialwissenschaften? Kann der Kompetenzansatz das Lernen von Schüler/-innen und das Lehren durch Lehrkräfte im Politikunterricht verbessern? Um diese Frage zu beantworten, muss man sich die Zielsetzung von politischer Bildung vor Augen führen. Normatives Ziel ist es, „das demokratische Bewusstsein in der Bevölkerung zu fördern und die Menschen in der

Bundesrepublik Deutschland zu motivieren und zu befähigen, mündig, kritisch und aktiv am politischen Leben teilzunehmen“ (Leitbild der Bundeszentrale für politische Bildung). Aus den Adverben „mündig, kritisch und aktiv“ lässt sich klar ableiten, welche Teilkompetenzen Bürger/-innen in einer Demokratie erwerben müssen. Politisches Wissen, Politische Urteilsfähigkeit und Politische Handlungsfähigkeit. Diese Trias scheint auf den ersten Blick unumstritten, dennoch ist in der Fachdidaktik darüber eine kontroverse Debatte entbrannt. Worauf gründet sich die Kontroverse?

Hierzu ist es notwendig, sich die Dimensionen von Kompetenz genauer anzusehen: Der allgemeine Kompetenzbegriff wird in der Öffentlichkeit alltäglich verwendet. In der Berufs- sowie allgemeinen Pädagogik werden damit oftmals Schlüsselqualifikationen bezeichnet wie Sachkompetenz, Methodenkompetenz, Sozialkompetenz, Personalkompetenz u.v.m. Kritisiert wird die fehlende Bindung an bestimmte Domänen und Gegenstandsbereiche. Detjen (2005) nennt diesen Kompetenzbegriff einen „Katalog von geistig, persönlich und sozial Erwünschtem, das sich inhaltlich beliebig ergänzen lässt“ (80). Der bildungspolitische Kompetenzbegriff erstreckt sich überwiegend auf den schulischen Alltag. Bislang wurden in Lehrplänen oder Schulcurricula Lernziele und Inhalte der Fächer festgelegt (Input).

Das Problem der Politikdidaktik besteht nun in ihrer Vielfältigkeit der Schulfachbezeichnungen z.B. Sozialwissenschaften, Sozialkunde, Gemeinschaftskunde, Gesellschaftslehre etc. Weil die Bezugsdisziplinen nicht in allen Bundesländern gleich sind, konnte bislang Politikkompetenz nicht einheitlich festgelegt werden. Die Konturen des Schulfaches blieben somit vage und beliebig mit Inhalten, abgeleitet aus den Fachdisziplinen wie Wirtschaft, Politik, Recht, Soziologie, Geografie, Religion/Ethik füllbar. Die Frage, welche Teilkompetenzen Schüler/-innen erwerben sollen, wenn die Inhalte divergieren, ist in der Fachgesellschaft noch nicht beantwortet.

Weiter hilft an dieser Stelle der Kompetenzbegriff aus der Kognitionspsychologie. Nach Weinert (2001) „versteht man unter Kompetenzen die bei Individuen verfügbaren oder durch sie erlernbaren kognitiven Fähigkeiten und Fertigkeiten, um bestimmte Probleme zu lösen sowie die damit verbundenen motivationalen, volitionalen und sozialen Bereitschaften und Fähigkeiten, um die Problemlösungen in variablen Situationen erfolgreich und verantwortungsvoll nutzen zu können“ (27f.). Kompetenzen sind somit an fachliche Kenntnisse, Wissensbestände und Einsichten gebunden und beziehen sich auf Handlungssituationen. Fähigkeiten und Fertigkeiten werden situativ in realen Anwendungsbeispielen erworben und kontextspezifisch angewandt. Das intelligente Wissen ist nach Weinert kein reines Fachwissen, sondern besteht aus einem „interdisziplinär und lebenspraktisch vernetzten System von [...] Fertigkeiten, Kenntnissen und metakognitiven Kompetenzen“ (Weinert, 1998: 114). Ein weiteres Merkmal von Kompetenz ist also ihre Komplexität: kognitive, emotive, methodische, prozedurale, verhaltens- und handlungsbezogene Fähigkeiten bilden zusammen die individuellen Kompetenzen ab. Folglich sind Kompetenzen auch von alters- und sozialisationsbedingten Entwicklungsprozessen abhängig und somit erlernbar. Zusammenfassend lässt sich also festhalten, dass Kompetenzen verstanden werden „als Leistungsdispositionen in bestimmten Domänen“ (Klieme et al., 2003: 15). Grafisch lässt sich der kognitionspsychologisch verstandene Kompetenzbegriff wie folgt darstellen:

Abbildung 1: Kognitionspsychologischer Kompetenzbegriff

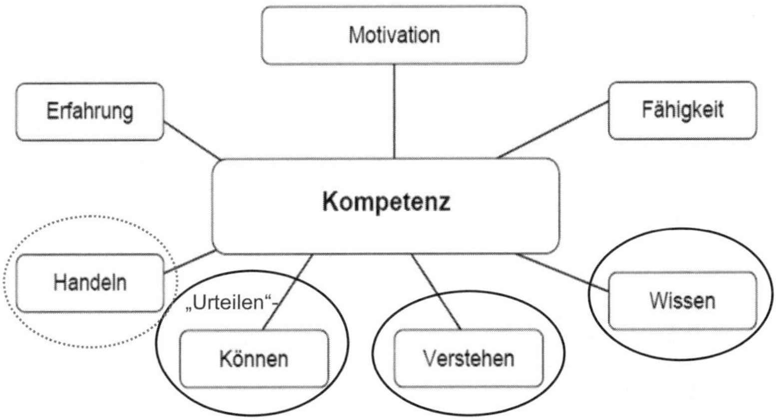

Was bedeuten diese Kompetenzbausteine nun für den Politik- und SoWi-Unterricht an Schulen? Rekurriert man auf das oben genannte Ziel der Politischen Analyse- und Urteilsfähigkeit, so muss sich der Politik-/SoWi-Unterricht auf die Teilkompetenzen Wissen, Verstehen, „Urteilen“-Können konzentrieren. Das politische Handeln kann nur als Simulation und Stellvertreterhandeln im Unterricht mit handlungsorientierten Methoden ausprobiert werden, eine reale Handlungsfähigkeit ist im Unterrichtsgeschehen nicht sichtbar und somit auch nicht bewertbar, sondern findet außerhalb der Institution statt (zur ausführlichen Diskussion der Handlungskompetenz siehe Weißeno & Buchstein, 2012).

Nach welchen inhaltlichen Kriterien erfolgt nun die Inhaltsauswahl im Fachunterricht, wenn Breit & Weißeno (2003) konstatieren, dass „der Großteil eines Gegenstandbereichs [...] im Unterricht [...] unbehandelt bleiben" muss (13)? Eine Trennung zwischen allgemeinen und fächerübergreifenden Kompetenzen wie Kommunizieren, Argumentieren, Problemlösen, Modellieren und Urteilen ist in der Politischen Bildung unumstritten, auch wenn politisches Argumentieren nach dem neuesten Kompetenzmodell von Detjen u.a. (2012), domänenspezifisch aufgeladen, in der Teilkompetenz politische Handlungsfähigkeit verortet wird. Kontrovers diskutiert hingegen wird die Frage nach der inhaltsbezogenen Teilkompetenz „Wissen" wie Basis- und Fachkonzepten. Welche konstituierenden Begriffe und Fachkonzepte brauchen Schüler/-innen, damit sie sich individuell entfalten und mündig am öffentlichen Leben partizipieren können?

Aus der empirischen Bildungsforschung entstammt folgende Definition von Basiskonzepten: „Unter Basiskonzepten versteht man die strukturierte Vernetzung aufeinander bezogener Begriffe, Theorien und erklärender Modellvorstellungen, die sich aus der Systematik eines Faches zur Beschreibung elementarer Prozesse und Phänomene historisch als relevant herausgebildet haben" (Demuth et al. 2005: 57). Somit sind Basiskonzepte Grundvorstellungen einer Domäne auf der Ebene der Kompetenz Wissen. Angewendet auf die Politische Bildung steht man hiermit wieder im Dilemma der Bezugsdisziplinen. Pragmatisch gewendet und unter dem Fokus empirischer Unterrichtsforschung bedeutet im Bundesland NRW Politikdidaktik immer auch Didaktik der Sozialwissenschaften, bezieht man die realen Unterrichtsfächer Politik/Wirtschaft in Sekundarstufe I und Sozialwissenschaften der Sekundarstufe II in die Begriffsbestimmung ein. Die Autorengruppe Weißeno, Massing, Juchler, Richter und Detjen (2010) hat ein Modell zur Teilkompetenz Fachwissen entwickelt, das dadurch begründet wird, dass sich das Politische nicht verstehen lasse, „wenn man keine Vorstellung von Gemeinwohl, Ordnung und Entscheidung" habe. Das Modell der Basis- und Fachkonzepte auf der Ebene des Fachwissens mit den drei Basiskonzepten Gemeinwohl, Ordnung und Entscheidung deckt alle domänenspezifischen Konzeptionen zu Politik, Wirtschaft und Soziologie für das Unterrichtsfach in NRW ab. Auch wenn der Terminus „Basiskonzept" im neuen Kompetenzmodell (Detjen, u.a., 2012) nicht mehr auftaucht und nur noch Fachkonzepte mit Subfacetten aufgelistet werden, so kann man dennoch als Antwort auf die Kritikergruppe um Sander und Hedtke hinterfragen, wo denn die Teilkompetenzmodelle zur Domäne Wirtschaft und einem soziologisch-kulturell erweiterten Politikverständnis bleiben. Beide Fachausrichtungen fordern die stärkere Berücksichtigung von Wirtschaft, Soziologie, Recht und Kultur ein, haben aber seit 2004 kein methodisch begründetes oder valide getestetes Modell dazu vorgelegt.

Abbildung 2: Politik-Kompetenz – ein Modell

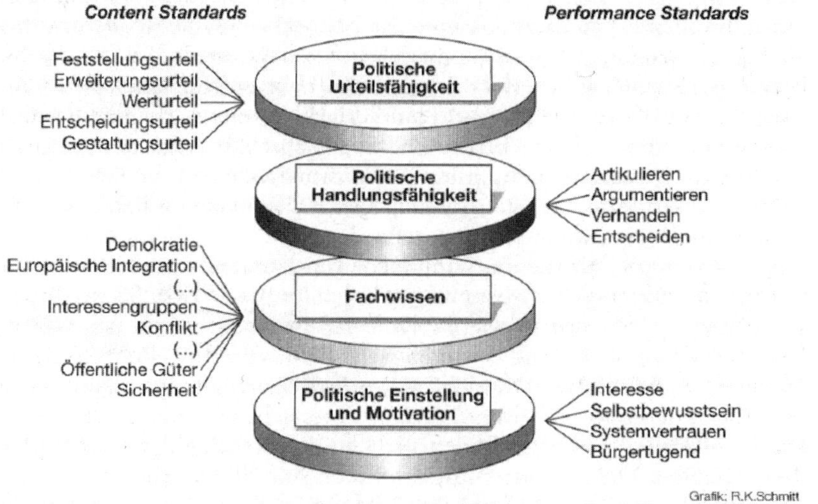

Quelle: Weißeno, G., 2012: 172

Neu an dem Politik-Kompetenzmodell ist es, dass an den Präkonzepten der Schüler/-innen angeknüpft wird. Die Perspektive der Lernenden kommt in den Blick (Outcome statt Input). Vorteile von Fachkonzepten im Politik-/SoWi-Unterricht lassen sich deutlich benennen. Auf der Kompetenzdimension des Wissens bieten sie Hilfe bei der Strukturierung und Vertiefung von Unterrichtsthemen an. Erarbeitete Fachkonzepte können in verschiedenen Kontexten angewendet, differenziert und wiederholt werden. Sie erleichtern den Schüler/-innen die Einordnung von Konzepten in bestehendes Vorwissen durch Vernetzung von Wissensstrukturen und haben einen positiven Einfluss auf Fehlvorstellungen (misconceptions). Durch Erweiterung oder Veränderung der eigenen Wissensnetze wird bei den Lernenden ein Conceptual Change möglich. Grundlagen für einen systematischen Wissenserwerb werden gelegt und kumulatives Lernen wird realisiert durch eine Konkretisierung von Fachkonzepten in verschiedenen Themen.

Wie kann ein kompetenzorientierter Unterricht mit der Teilkompetenz Wissen umgesetzt werden? Auch hier bietet ein Blick in die Kognitionspsychologie eine mögliche Antwort. Die Bedeutung der Eigenaktivität der Lernenden beim Wissenserwerb betont der Bildungsforscher Weinert: „Um zu vermeiden, dass schulisches Lernen zum Erwerb eines trägen, […] eingekapselten Wissens führt, muss der Lernende die relevanten Informationen aktiv, kreativ und auch situiert erwerben“ (1998: 115). Er schränkt den rein konstruktivistischen Ansatz aber gleichzeitig ein, denn „selbständiges Lernen bei anspruchsvollen Inhalten, Aufgaben und Zielen ohne Fachwissen auf Seiten der Lernenden führt häufig zu Lerndefiziten, fehlerhaften Kenntnissen und Misserfolgen. Selbststeuerung versagt, wenn es um Probleme geht, die die Lerner/-innen zunächst noch nicht haben, weil sie die erforderliche Perspektive noch nicht einnehmen können" (vgl. Weinert & Helmke, 1995: 137f.). Eine Kombination aus Selbständigkeit der Lernenden, lehrergeleiteter Strukturierung und systematischer Vermittlung des Lernstoffs geht einher mit dem Lernansatz eines wissensbasierten Konstruktivismus: Lernen wird verstanden als die persönliche Konstruktion von Bedeutungen, wobei das Gelingen abhängig von der Wissensbasis und dem von Lehrkräften als Expert/-innen bereitgestellten Wissen ist: „Zum Erwerb dieser Wissensbasis kann auf instruktionale Anleitung nicht verzichtet werden" (vgl. Resnick, Williams & Hall, 1998). Internationale Studien zum Wissenserwerb zeigen, dass instruktionale Elemente im Wechsel mit selbständigen und kooperativen Lernphasen die größten Chancen für einen kognitiven Kompetenzzuwachs bieten (Souvignier & Gold, 2006: 147).

Der Cognitive-Apprenticeship-Ansatz bietet eine praxisorientierte Verbindung zwischen konstruktiven und instruktionalen Lehr-Lern-Ansätzen. Das Grundprinzip des als anleitende Methode verstandenen Ansatzes von Collins u.a. ist es, Lernende ähnlich wie in der traditionellen Handwerkslehre über authentische Aktivitäten und soziale Interaktionen in eine "Expertenkultur" einzuführen (vgl. Krapp & Weidenmann, 2006: 631). Einzelschritte bei der Problemlösung werden von der Lehrkraft im Sinne von Meister-Lehrlings-Verhältnissen vorgemacht und können von Lernenden nachvollzogen, abgespeichert und später eigenverantwortlich umgesetzt werden. Der Vorteil besteht darin, dass die kognitiven Prozesse, die für das Lösen einer Aufgabenstellung oder eines Problems für Lernende sichtbar werden. Durch die enge Interaktion zwischen Lehrer/-innen und Schüler/-innen werden diese zu „Gesprächspartnern", was die Lehr-Lern-Beziehung folglich stark verändert. Durch das kooperative Miteinanderlernen zwischen Lehrer/-innen und Schüler/-innen sind alle Teil einer Expertenkultur, wobei sich das Vorwissen und die Prekonzepte der Schüler/-innen von dem Wissen und den Fachkonzepten der Lehrkräfte zu Beginn einer Unterrichtseinheit sicher deutlich unterscheiden (Novizen-Experten-Paradigma).

Abbildung 3: Phasen des Cognitive-Apprenticeship-Ansatzes (eigene Darstellung)

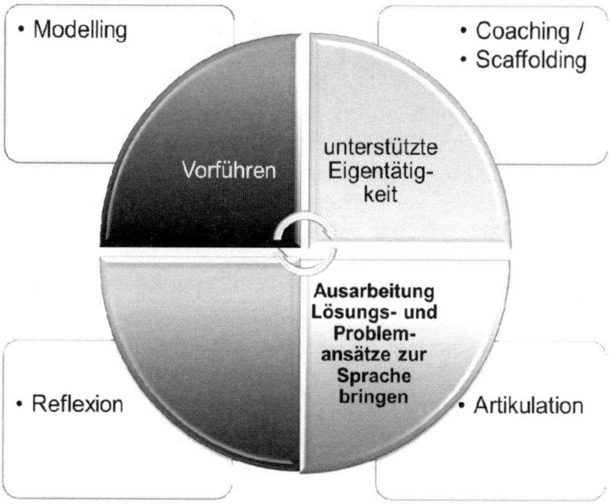

Die einzelnen Phasen des Cognitive-Apprenticeship-Ansatzes sollen im Folgenden vorgestellt werden. In der ersten Phase, dem Modelling, simulieren die Lehrkräfte eine Aufgaben-/Problemlösung. Dabei dient das Modelling als strukturentdeckende Methode dazu, die kognitiv ablaufenden Prozesse aufzudecken. Wissenschaftliche Fachbegriffe sind von den Lehrer/-innen an einem Beispiel zu erklären, um Strukturmuster zu erleichtern. Die Lernenden greifen im kognitiven „Nachahmungsprozess" zunächst auf ihr Weltwissen und ihre Prekonzepte zurück, evtl. auch auf Fehlkonzepte. Die Lehrkraft macht vor, wie Fachbegriffe angewandt werden und welche kognitiven Operationen durchgeführt werden, um z.B. einen politischen Fall aufzuschlüsseln. In der Modelling-Phase werden durch die Elaboration Fehlkonzepte sichtbar und für die Lernenden besteht die Möglichkeit, ihr bisheriges Verständnis kognitiv zu erweitern und Fachkonzepte aufzubauen. Die Lernumgebung wird dabei allmählich komplexer gestaltet. In der zweiten Phase, dem Coaching/Scaffolding tritt die/der Lehrer/-in stetig in den Hintergrund („guide on the side"). In dieser Phase gilt es weitere Fehlkonzepte aufzudecken, strukturierte Hilfen für einen möglichen Konzeptwechsel anzubieten und die Lernenden auf ihrem Weg zu Expert/-innen zu begleiten. Neue Kontexte werden vorgestellt und wieder variiert, um Flexibilität bei der Wissensanwendung zu gewährleisten. In Einzel-, Partner- oder Gruppenarbeit arbeiten die Schüler/-innen an Fragestellungen immer selbständiger. Mit zunehmendem Können der Lernenden werden Hilfestellungen reduziert (fading). Die Abstraktion von einem konkreten Fall auf andere und eine Rekonkretisierung verlangen von Schüler/-innen die kognitiven Fähigkeiten zur Transferleistung sowie Analogiebildung. In der dritten Phase, der Artikulation, kommentieren die Lernenden ihre kognitiven Handlungsschritte, die sie bei politischen Aufgaben und Problemstellungen unternommen haben. Sie stellen ihre Lösungswege vor und nehmen gleichzeitig kritisch Stellung dazu. Die Schüler/-innen „denken laut" und begründen ihre Urteile. Die Phase der Elaboration der Wissensstrukturen führt zu begründeten Urteilen und erweitert die Teilkompetenz der Urteilsfähigkeit. Als Methoden eignen sich Rollenspiele wie Pro-Contra-Debatte, Talkshow, amerikanische Debatte oder andere kommunikative Formen, in denen sich die Lernenden mit der Anwendung von Fachkonzepten auf politisch kontroverse Fälle argumentativ auseinandersetzen müssen. Die abschließende Phase bildet die Reflexion. Die kognitiven Fortschritte eines Lernprozesses werden abschließend gesichert. Dabei nähern sich die kognitiven Operationen von Expert/-innen- und Lerner/-innen an. Der Aufbau von konzeptuellen Strukturen wird durch Vergleiche in den Wissensstrukturen verstetigt und Problemlösefähigkeiten erweitert. In einer reflexiven Metakommunikation über kognitive Prozesse wird der Prozess der Urteilsbildung transparent. Wie der Cognitive-Apprenticeship-Ansatz konkret an einem anwendungsorientierten Fallbeispiel umgesetzt werden kann, ist schrittweise in einem Einführungsband zur Wissensvermittlung und Problemorientierung am Beispiel der Debatte um die Gesundheitsreform (Manzel, 2008) dargestellt.

Dass politische Urteilsbildung im Politik-/SoWi-Unterricht eine tragende Rolle zu spielen habe, lässt sich zwar mit den normativen Bildungszielen (siehe Anfang des Textes) begründen. Seit dem GPJE-Entwurf zu den nationalen Bildungsstandards (2004) sind allerdings mittlerweile acht Jahre vergangen, ohne dass empirisch validiert wurde, warum Urteilsfähigkeit eine domänenspezifische Kompetenz sei. Detjen (2010) widerspricht z.B. der Kritik, dass es Aufgabe des Deutschunterrichts sei, Urteilsfähigkeit zu trainieren, mit dem Hinweis auf politische Entscheidungssituationen (30). Dort erst manifestiere sich das Politische, dass gekennzeichnet sei durch „Komplexität, Intransparenz, Dynamik und Polytelie [...] dialektisches Denken" (Detjen, 2004: 53f.). An anderer Stelle ordnet er die Urteilsbildung diskursiven Fähigkeiten zu: „Die diskursiven Fähigkeiten setzen sich aus der Sprech-, Schreib-, und Dialogfähigkeit sowie aus der Urteilsfähigkeit zusammen [...]" (a.o.). Also doch wieder eher etwas für den Rhetorik-Zusatzkurs an Schulen? Dass Lesekompetenz ein Bestandteil der politischen Urteilsbildung ist, weiß man seit PISA. Politik wird über Medien vermittelt und das Verstehen von politischen Texten und das Anwenden politischer Aussagen bildet die Basis für eine reflexive Argumentation (Richter, 2006 und 2012). Hier gilt es genauer hinzusehen: Wie viel rhetorische Fähigkeit steckt in einem Argumentationsgang? Welche Strukturen und Konzepte unterliegen einem politischen Urteil von Schüler/-innen? Die Diskussion in der Fachdisziplin entzündet sich hier besonders an den Kriterien „richtig-falsch". Auch wenn politische Urteile kontrovers sein können und müssen, so erfolgen Argumentstrukturen des Urteilens inhaltlich nach logisch gültigen und überzeugenden Schlüssen oder verstoßen gegen rationale Gesetzmäßigkeiten. Dass Politik nicht umfassend mit logischen Methoden des Schließens erklärt werden kann, ist unbestritten: „Mit Argumenten versucht man oft zu überzeugen, und darin besteht eine ihrer wichtigsten und legitimen Aufgaben; die Logik hat es aber nicht mit der Überzeugungskraft von Argumenten zu tun [...] sie befasst sich mit einer objektiven Beziehung zwischen Begründung und Konklusion" (Salmon, 1983: 10). An dieser Stelle ist darüber nachzudenken, welche Kriterien für die Überzeugungskraft von Argumenten angelegt werden können, und ob es nicht zielführend ist, die Einbeziehung von Fachkonzepten, die „richtig" oder als Fehlkonzepte zu bestimmen und zu erweitern sind, als Wertmaßstab gemäß des politikdidaktischen Prinzips der Wissenschaftsorientierung anzulegen. In der Praxis brauchen Lehrkräfte Diagnoseinstrumente, um Schüler/-innenäußerungen bewerten zu können. Es reicht für die sozialwissenschaftliche Unterrichtswirklichkeit und die einheitlichen Prüfungsanforderungen im Abitur keinesfalls aus, auf dem Feyerabendschen Slogan „anything goes" zu beharren.

Zusammenfassend lässt sich die Hypothese aufstellen, dass der Cognitive-Apprenticeship-Ansatz sich mit der Teilkompetenz „Fachwissen" aus dem Modell der Politikkompetenz (Detjen, u.a., 2012) gut verbinden lässt. In der Modelling-Phase werden kognitive Strukturen aufgezeigt, indem Ankerbegriffe genannt werden, die der Vernetzung mit Bekanntem dienen. Fachkonzepte bieten hierbei Hilfestellung bei der Analyse politischer Fälle/Gegenstände, regen zum Konzeptaufbau an und verschaffen den Lernenden einen Überblick über selbsttätige Lerngelegenheiten. In der Scaffolding-Phase unterstützen Fachkonzepte die Begriffsbildungen, während bei der Artikulation die Wissensbasis und konzeptuelle Netze für politische Urteilsbildung sichtbar werden und erweitert werden können. Die Auseinandersetzung mit den Denkprozessen der Mitschüler/-innen in der Reflexionsphase erleichtert die Perspektivübernahme und unterstützt den Urteilsbildungsprozess sowie Problemlösefähigkeiten. Ob diese Hypothese tatsächlich der Unterrichtswirklichkeit standhält, ist empirisch zu überprüfen. In Untersuchungen mit Studierenden der Medizin und in der Ökonomiedidaktik konnte dieser Lernansatz bestätigt werden (Krapp & Weidenmann, 2006, Niegemann, 1995). In der deutschen Politikdidaktik liegen für den Cognitive-Apprenticeship-Ansatz noch keine empirischen Ergebnisse vor. Videobasierte Unterrichtsforschung am Lehrstuhl für Didaktik der Sozialwissenschaften an der Universität Duisburg-Essen erhebt Kommunikations- und Urteilsbildungsprozesse im Politikunterricht standardisiert. Ein Ziel ist es u.a. nachzuvollziehen, warum Schüler/-innen Schwierigkeiten beim politischen Urteilen haben. Aufgrund der Erhebung sollen Instrumente entwickelt werden, um die zur Teilkompetenz Handlungsfähigkeit gehörenden Argumentationsprozesse im Unterricht zu verbessern. Der Schwerpunkt liegt auf evidenzbasierter Forschung, denn nur wenn der Transfer der empirisch gewonnenen Lehr-Lern-Erkenntnisse in die Praxis gelingt, steigt die Akzeptanz von fachdidaktischer Forschung bei Lehrkräften und kann sich Unterrichtsqualität verbessern. Kooperationen mit Fachseminaren und Schulen in der zweiten Phase der Lehrer/-innenausbildung können diesen Transfer unterstützen.

Literatur

Breit, G. & Weißeno, G. (2003). Planung des Politikunterrichts. Eine Einführung. Schwalbach/Ts.

Detjen, J. (2004). Politische Urteilsfähigkeit. Eine domänenspezifische Kernkompetenz der politischen Bildung, In Politische Bildung, 37, 44-58.

Detjen, J. (2005). Welche Schlüsselqualifikationen und Kompetenzen soll die politische Bildung vermitteln?, In G. Weißeno (Hrsg.): Politik besser verstehen. Neue Wege der politischen Bildung, (S. 76-98), Wiesbaden.

Detjen, J. (2007). Politische Bildung, München/Wien.

Detjen, J. (2010). Die GPJE-Bildungsstandards. Fachunterricht in der politischen Bildung, In Kompetenzen im Politikunterricht. Wochenschau Sonderausgabe. 61, 22-33.

Detjen, J., Richter, D. & Weißeno, G. (Hrsg.) (2011). Politik in Wissenschaft, Didaktik und Unterricht. Schwalbach (im Erscheinen).

Detjen, J. et al. (2012). Politik-Kompetenz – Ein Modell. Wiesbaden: Springer.

Demuth, R., Ralle, B. & Parchmann, I. (2005). Basiskonzepte eine Herausforderung für den Chemieunterricht. Chemkon, 12(2), 55-61.

Gniewosz, B. (2011). Kompetenzentwicklung, In H Reinders, et al. (Hg.), Lehrbuch Empirische Bildungsforschung. Bd. 2, Gegenstandsbereiche, (S. 57-67), Wiesbaden.

GPJE (Hrsg.). (2004). Nationale Bildungsstandards für den Fachunterricht in der Politischen Bildung an Schulen. Schwalbach/Ts.

Gräsel, C. (2011). Was ist empirische Unterrichtsforschung?, In H. Reinders, et al. (Hg.), Lehrbuch Empirische Bildungsforschung, (S.13-26), Wiesbaden.

Klieme, E. (2006). Kompetenz und Kompetenzdiagnostik, In K. Schweizer (Hrsg.), Leistung und Leistungsdiagnostik (S.127-143). Heidelberg.

Krapp, A. & Weidenmann, B. (Hrsg.) (2006). Pädagogische Psychologie. 5. vollst. überarb. Aufl., Weinheim.

Manzel, S. (2008). Wissensvermittlung und Problemorientierung im Politikunterricht. Lehr-Lern-Forschung - Eine anwendungsorientierte Einführung. Schwalbach/Ts.

Niegemann, H.M. (1995). Zum Einfluss von „modelling" in einer computergestützten Lernumgebung. Unterrichtswissenschaft, 23, 75-87.

Resnick, L.B., Williams, S.M. & Hall, M. (1998). Learning organizations for sustainable education reform. Daedalus, 127 (4), 89-118.

Richter, D. (2012). Politisches Argumentieren im Unterricht - Auf der Suche nach einem Analyseinstrument, In G. Weißeno & H. Buchstein (Hrsg.), Politisch Handeln. Modelle, Möglichkeiten, Kompetenzen, (S. 178-192), Opladen.

Richter, D. (2006). Civic literacy, reading literacy – gibt es auch eine „politische Lesekompetenz"?, In GPJE (Hrsg.), Standards der Theoriebildung und empirischen Forschung in der politischen Bildung, (S.55-65), Schwalbach/Ts.

Salmon, W. C. (1983). Logik. Stuttgart.

Souvignier, E. & Gold, A. (2006). Förderung von Leistung, In K. Schweizer (Hrsg.), Leistung und Leistungsdiagnostik (S. 144-186). Heidelberg.

Weinert, F. E. & Helmke, A. (1995). Learning from wise mother nature or big brother instructor: The wrong choice as seen from an educational perspective. Educational Psychologist, 30, 135-142.

Weinert, F. E. (1998). Neue Unterrichtskonzepte zwischen gesellschaftlichen Notwendigkeiten, pädagogischen Visionen und psychologischen Möglichkeiten, In Bayerisches Staatsministerium für Unterricht und Kultus, Wissenschaft und Kunst (Hrsg.), Wissen und Werte für die Welt von morgen (S. 114-119). München.

Weinert, F. E. (2001). Concept of Competence: A Conceptual Clarification, In D. S. Rychen & L. H. Salganik (Hrsg.), Defining and Selecting Key Competencies (S. 45-64). Bern.

Weißeno, G. & Detjen, J. & Juchler, I. & Massing, P. & Richter, D. (Hg.) (2010). Konzepte der Politik: Ein Kompetenzmodell. Schwalbach/Ts.

Weißeno, G. (2011). Welches Wissen produziert die Politikdidaktik als Wissenschaft?, In J.Detjen, D. Richter & G. Weisseno (Hrsg.) (2011), Politik in Wissenschaft, Didaktik und Unterricht. Festschrift für Peter Massing, (S. 77-89), Schwalbach/Ts.

Weißeno, G. & Buchstein, H. (Hrsg.) (2012). Politisch Handeln. Modelle, Möglichkeiten, Kompetenzen. Opladen.

Weißeno, G. (2012). Dimensionen der Politikkompetenz, In G., Weißeno & H. Buchstein (Hrsg.), Politisch Handeln. Modelle, Möglichkeiten, Kompetenzen, (S. 156-177), Opladen.

Unterrichtsvorbereitung in der Berufspädagogik nach dem allgemeindidaktischen Ansatz von Posch, Schneider und Mann

Thomas Bienengräber

1. Einleitung

Eine fachdidaktisch indifferente Hilfe zur Vorbereitung von Unterricht bieten diverse didaktische Modelle wie bspw. das unter Fachausbilder/-innen zwar überholte, aber immer noch unter Lehrkräften bekannte „Berliner Modell". Es erhebt den Anspruch, theoretisch umfassend und praktisch folgenreich Unterricht zu beschreiben, indem es „alle im Unterricht auftretenden Erscheinungen und Bedingungen der wissenschaftlichen Kontrolle unterwirft" (Blankertz 1973: 91). Das Berliner Modell entstammt einer lehr-lerntheoretischen Richtung der Didaktik und hebt damit nicht bestimmte Einflussfaktoren auf Unterricht isoliert hervor, sondern betrachtet Unterrichtsgeschehen umfassend und differenziert (ebd.). Gerade seine Indifferenz in fachlicher Hinsicht jedoch scheint es zur Vorbereitung von jeglichem Fachunterricht eher zu disqualifizieren, berücksichtigt es doch gerade moderne, fachdidaktische Erkenntnisse nicht. So scheint es alleine vor diesem Hintergrund mit einem eher morbiden Charme aufzuwarten. Gerade diese fachliche Unspezifität kann es jedoch in besonderer Weise für die Vorbereitung von Unterricht qualifizieren, der sein Augenmerk nicht unbedingt in erster Linie (oder sogar ausschließlich) auf fachspezifische Erwägungen stützt, sondern den Blick um die Betrachtung des Unterrichtsgeschehens als solches erweitert. Das aktuell rezipierte Angebots-Nutzungs-Modell von Helmke (2010) bspw. zeigt deutlich die Einbettung des Unterrichtsprozesses in einen sozialen, strukturellen und didaktischen Kontext.

Fachdidaktische Entscheidungen können sich nicht ausschließlich an fachlichen Erfordernissen und Erkenntnissen orientieren, sondern stehen stets in einem Entscheidungskontext mit dem Unterrichtsgeschehen (vgl. Kron 1994: 32ff.). Insofern stehen unterrichtslogische Erwägungen, die auf Basis fachunspezifischer, allgemeiner didaktischer Modelle zu treffen sind, in einem integrativen Zusammenhang mit fachdidaktischen Überlegungen. Fachdidaktik ist auf allgemeine Didaktik angewiesen. Daher erscheint es erforderlich, sich zu vergegenwärtigen, dass Unterrichtsplanung nicht ausschließlich anhand fachlicher Überlegungen erfolgen kann, sondern sich stets an den Bedingungen zu orientieren hat, die Unterricht vorgibt. Daher liegt das Ziel dieses Aufsatzes darin, den Blick der Lehrenden unter Berücksichtigung dieses integrativen Zusammenhangs zwischen Allgemeiner und Fachdidaktik am Beispiel eines besonderen Didaktischen Modells auf die allgemeine Didaktik und ihren Wert für die Vorbereitung von Unterricht zu lenken.

2. Die Planungskonzeption von Posch, Schneider und Mann

Allgemeindidaktische Modelle[1] stellen erziehungswissenschaftliche Theoriegebäude dar, die der Analyse und Gestaltung didaktischen Handelns in schulischen und nichtschulischen Zusammenhängen dienen (vgl. Blankertz 1991: 7ff.). Mit ihrem Anspruch, der sich einerseits auf die theoretisch umfassende Beschreibung der Umstände bezieht, die Unterricht beeinflussen, und der andererseits die praktische Anwendbarkeit in den Vordergrund stellt, sind lehrlerntheoretische didaktische Modelle nicht etwa normierend, sondern sie stellen Entscheidungshilfen für die Lehrenden dar. Damit sind sie unersetzliche Helfer für die Vorbereitung von Unterricht.

Posch, Schneider und Mann verfolgen dementsprechend mit ihrem Konzept explizit den Anspruch, Lehrende dabei zu unterstützen, Unterricht in ein kohärentes Begriffssystem einzuordnen, ihn theoriegeleitet zu beurteilen sowie Alternativen und Verbesserungsmöglichkeiten zu entwickeln und zu beurteilen (Posch, Schneider & Mann 1989: 3)[2]. Damit stellt ihr Konzept explizit einen Versuch dar, „sowohl den Lehrern in der Praxis als auch den Studenten einen theoriegeleiteten und dennoch anwendbaren Ansatz zur Unterrichtsplanung aufzuzeigen" (ebd., Vorwort). Dabei gehen sie von einem unhintergehbaren Implikationszusammenhang zwischen allen Faktoren aus, die sich im Unterricht bemerkbar machen (vgl. Blankertz 1991: 93f.; Posch et al. 1989: 4). Wie auch im Angebots-Nutzungs-Modell versuchen sie nicht, einen dieser Faktoren als besonders wichtig herauszustellen und losgelöst von allen anderen zu betrachten, sondern die einzelnen Faktoren sind auch hier nur analytisch voneinander zu trennen. Dazu gehen sie in ihrem Modell davon aus, dass Unterricht aus einem interdependenten Implikationsgefüge besteht, das sich in fünf Bereiche einteilen lässt. Am Anfang behandeln die Autoren die Formulierung und Rechtfertigung von Lehrzielen, bevor sie sich

1 Die kontrovers geführte Diskussion um den Unterschied zwischen didaktischen Modellen und Theorien soll an dieser Stelle nicht erneut aufgeworfen werden (vgl. Knecht-von Martial 1986: 5-29), zumal Posch, Schneider und Mann ihren Ansatz weder als Theorie noch als Modell, sondern als Konzept bezeichnen.

2 Dabei sehen sie sich nicht explizit einer bestimmten Theorietradition verbunden, sondern verstehen ihren Ansatz als eine Möglichkeit, „dem Lehrer Zugang zu verschiedenen theoretischen Ansätzen zu ermöglichen" (Posch, et al. 1989: 3).

mit der Festsetzung und Feststellung von Eingangsvoraussetzungen befassen. Teil vier ihrer Konzeption behandelt die Beurteilung der Schüler/-innenleistung, und in Teil fünf konzentrieren sie sich auf die Evaluation des Unterrichts. Im Zentrum dieses Aufsatzes jedoch steht der dritte Teil ihrer Konzeption, die Durchführung des Unterrichts.

2.1 Lernen als Abbilden

Bei der Durchführung des Unterrichts lassen sich drei unterschiedliche Funktionen voneinander differenzieren, von denen sich zwei auf die Art und Weise charakterisieren lassen, wie mit Wissen umgegangen wird, während die dritte sich auf den Umgang mit dem Lernergebnis bezieht. So stellt ein/-e Lehrende/-r ihren/seinen Lerner/-innen einerseits Informationen zur Verfügung, andererseits gibt er/sie ihnen Anlass, sich mit Fragen und Problemen auseinanderzusetzen. Diese beiden Funktionen lassen sich auf unterschiedliche philosophische Grundlagen zurückführen, auf deren Basis sich Lernprozesse und Unterricht betrachten lassen. Es handelt sich dabei einerseits um das Verständnis von Lernen als Abbildungs- und andererseits als Konstruktionsprozess. Die dritte Funktion bezieht sich auf die Rückmeldung über die Qualität des Lernprozesses.

Das Lernen als Abbilden lässt sich zurückführen auf den Gedanken der „Tabula rasa" aus dem klassischen Empirismus eines John Locke, dem zufolge nichts im Geist sein kann, was nicht vorher durch sinnesmäßige Erfahrung aufgenommen werden konnte. Der menschliche Geist wird dabei mit einer leeren Tafel verglichen, auf die Erfahrungen, Erkenntnisse, Wissen und Fähigkeiten wie mit einem Griffel eingeritzt werden (vgl. Colman 2008: 197ff.).

Eine solche Art des Lehrens erfordert es seitens des/der Lehrenden, Lerninhalte so aufzubereiten, zu strukturieren und zu präsentieren, dass die Lernenden dazu in der Lage sind, sie möglichst fehlerfrei zu übernehmen. Es setzt voraus, dass die Unterrichtsinhalte durch den Lehrenden so angeboten werden, dass der Abbildungsvorgang möglichst fehlerfrei geschieht und exakt und möglichst ohne Übertragungsfehler möglich ist. Ein Schwerpunkt dieses Lernverständnisses liegt auf der Qualität der Informationsdarbietung. Er erfordert eine möglichst anschauliche Präsentation der Inhalte, die kongruent auf möglichst viele Sinnesorgane gleichzeitig ausgerichtet sind (z. B. Lehrer/-innenvortrag, unterstützt durch adäquat gestaltete Folien oder Tafelanschriebe). Weiterhin sollen die als wesentlich erachteten Merkmale mehrfach präsentiert werden, u. U. in unterschiedlichen Zusammenhängen, um so den Abstraktionsvorgang zu unterstützen.

Eine weitere Forderung an einen guten Unterricht, der der Maxime des „Lernens als Abbilden" folgt, besteht darin, die Aufmerksamkeit der Lernenden zu erhalten. Damit einher geht die Notwendigkeit, selbständige Aktivitäten der Lernenden zu unterbinden, da sie für Ablenkung von den dargebotenen Informationen sorgen. Darüber hinaus sollen im Abbildungsprozess Fehler vermieden werden. Das erfordert von Seiten der Lehrkräfte eine fachlich korrekte Darstellung, eine übersichtliche Strukturierung und eine Darstellungsweise, die auf die Funktionsweise der Sinnesorgane abgestimmt ist[3].

Stellt sich im Anschluss an eine Leistungsüberprüfung heraus, dass die Lerner/-innen Fehler machen, so ist das gemäß der dargestellten Lernmaxime auf einen nicht-adäquaten Lehrprozess zurückzuführen. In diesem Fall ist der Abbildungs- (mithin also der Lehr-)prozess zu wiederholen.

Anhand dieser Darstellung werden die Probleme deutlich, die mit dem Lernverständnis als Abbildungsprozess verbunden sind: Den Lernenden wird generell eine passive, rezeptive Rolle zugestanden, wobei eigene Denkprozesse eher als Störfaktoren zu betrachten wären. Schüler/-innenfragen, die unter dieser Vorstellung grundsätzlich Störungen des Abbildungsprozesses darstellen, wären demgemäß ebenso zu unterbinden wie (fachliche) Gespräche der Schüler/-innen untereinander, oder sogar das Mitschreiben, das Lesen in Unterrichtsmaterialien oder grundsätzlich jede Beschäftigung mit dem Unterrichtsinhalt, die die Lernenden vom Abbildungsprozess ablenkt.

Ein weiteres, grundsätzliches Problem besteht in dem Sachverhalt, dass der/die Lehrende seinem/ihrem eigenen Wahrnehmungsprozess hinsichtlich der Adressat/-innen unterworfen ist. Daraus ergibt sich die Schwierigkeit, genau festzustellen, welche Abbildungsweise den Schülerinnen und Schülern angemessen ist. In Bezug auf die mediale Darstellung von Unterrichtsmaterialien (bspw. hinsichtlich Farbgestaltung, Schriftgröße oder Übersichtlichkeit) mag das noch recht unproblematisch sein, da es hierzu grundsätzliche Übereinstimmungen geben mag. In Hinblick auf die Verarbeitungsgeschwindigkeit (und damit die Geschwindigkeit, mit der von einem Lerninhalt zu einem anderen vorgegangen wird) oder das Erhalten der Aufmerksamkeit jedoch steht eine Lehrkraft hier vor Problemen, die mit steigender Heterogenität der Schüler/-innenschaft und mit der Klassengröße korrelieren.

Trotz dieser Nachteile und trotz der überkommen anmutenden philosophischen Basis dieses Lernverständnisses zeigt sich in der Beobachtung unterrichtlicher Praxis oftmals, dass ein entsprechendes Lehren attraktiv zu sein scheint, denn ein abbildend orientierter Unterricht scheint in vielen Schulen noch immer eher die Regel denn die Ausnahme zu sein. Das mag jedoch auch mit seinen unbestreitbaren Vorteilen zusammenzuhängen, die sich allerdings erst in Verbindung mit dem Lehrziel und dem Lehrinhalt ergeben. Lernvorgänge geringer kognitiver Komplexität (bspw. Erinnern; vgl. Anderson & Krathwohl 2001: 46; Bloom, Krathwohl & Engelhart 1976: 31) dürften sich durch einen solchen Lehrprozess recht zuverlässig unterstützen lassen. Ebenso ist er oftmals ab einer gewissen Gruppengröße die einzige Möglich-

3 Darunter ist z. B. zu verstehen, Folien nicht derart mit Informationen zu überladen, dass die visuellen Informationen nicht mehr aufgenommen werden können.

keit, den Lerner/-innen einen Überblick über eine Themeneinheit zu bieten (besonders in universitären Großveranstaltungen ist ein abbildender Lernprozess unter gegebenen Rahmenbedingungen oftmals die einzige sinnvolle Lehrweise). Unabhängig von der Gruppengröße oder der angesprochenen Verarbeitungstiefe besitzt ein darbietender Unterricht den Vorteil, den Lernenden den Unterrichtsinhalt in einer thematisch strukturierten Form sowie in einer zeitlich gegliederten Abfolge darzubieten. Diese Vorstrukturierungen erleichtern ihnen die Einordnung in die eigenen kognitiven Strukturen.

Aus diesen Gründen dürfte die Schwerpunktsetzung auf dem Darbieten der Informationen durchaus angebracht sein. Allerdings ist hierbei zu beachten, dass damit der Lernprozess nicht abgeschlossen sein kann, sondern dass ein weiter gehender Lernprozess erst in der anschließenden, individuellen Auseinandersetzung des Lernenden mit dem Inhalt erfolgt. Dieses Lernen legt dann jedoch einen anderes Lernverständnis zu Grunde: das Lernen als Konstruktionsprozess.

2.2 Lernen als Konstruieren

Der zweite Standpunkt von Unterricht als Einfluss auf das Lernen, das Lernen als Konstruieren, legt den Schwerpunkt der Lehrtätigkeit nicht auf die Darbietung der Informationen, sondern er versteht Lehren als die Aufgabe, Lernprozesse, also aktive Verarbeitungsprozesse, zu initiieren und aufrecht zu erhalten. Diese Vorstellung ist angelehnt an die (gemäßigt) konstruktivistische Erkenntnistheorie (vgl. im Überblick Gerstenmaier & Mandl 1995), der zufolge das Individuum kein „Wissen" aus der Umwelt aufnimmt, sondern es im Zuge kognitiver Assimilationsprozesse (vgl. Piaget 1976: 35; Buggle 1997: 38f.) selbst konstruiert. „Neue Kenntnisse und Fähigkeiten werden von den Lernenden aus bestehenden Kenntnissen konstruiert" (Posch et al. 1989: 44). Der Mensch verarbeitet demgemäß neue Inhalte aktiv aufgrund vorgegebener Ideen und produziert auf diese Weise Wissen selbst (er rezipiert es nicht!). Lernen ist ein Prozess, bei dem externe Ereignisse durch kognitive Fähigkeiten und Kenntnisse, über die der Lernende bereits verfügt, internalisiert werden. Sie werden jedoch nicht schlicht gespeichert, sondern in die bereits bestehenden, höchst individuellen kognitiven Strukturen integriert. Dies geschieht demnach nicht lediglich additiv, sondern eben konstruktiv: Durch die Integration neuer Inhalte und Kenntnisse werden die kognitiven Strukturen der Lernenden nicht nur erweitert, sondern verändert.

Wird Lernen als ein Konstruktionsprozess verstanden, kann Unterricht nicht in einer darbietenden, sondern er muss in einer konstruktiven Weise durchgeführt werden. Demnach besteht die Aufgabe der Lehrkraft besonders darin, den individuellen Konstruktionsprozess zu unterstützen. Schwerpunkt ist demzufolge nicht die Qualität der Informationsdarbietung, wie es bei abbildenden Lehrprozessen der Fall ist, sondern die Qualität des Konstruktionsprozesses auf Seiten der Lerner/-in. Dies hat ebenfalls Folgerung für die Unterrichtsgestaltung:

Zunächst sind durch die Lehrkraft jene Fähigkeiten und Kenntnisse, über die der/die Lernende bereits verfügt (bspw. metakognitive Kompetenzen, mit denen er seine/ihre eigenen Lernprozesse steuert (vgl. Anderson & Krathwohl 2001: 55ff.)) zu identifizieren und ihm/-r bewusst zu machen, damit sie/er diese aktiv zur (Re-)Konstruktion neuer Informationen einsetzen kann. Darüber hinaus ist für einen erfolgreichen Konstruktionsprozess ein für die Lernenden verständliches Problem erforderlich, da dies den Auslöser für jeglichen konstruktiven Prozess darstellt (vgl. Piaget 1976: 20; Bienengräber 2002: 153). Sieht ein/-e Schüler/-in kein Problem und erfährt er/sie dementsprechend keinen kognitiven Konflikt (vgl. Piaget 1976: 26; Bienengräber 2002: 215f.), so erfährt er/sie kein kognitives Disäquilibrium, das über einen Konstruktionsprozess in ein Äquilibrium überführt werden müsste. In anderen Worten: Es findet kein Lernprozess statt.

Da jede/r Schüler/-in andere, individuelle Voraussetzungen mitbringt, benötigt er/sie einen großen Spielraum für die selbständige Verarbeitung und Bearbeitung der Themenstellung. Das erfordert sowohl zeitliche als auch räumliche Freiheiten, die seitens der Lehrenden bereitzustellen sind.

Weiterhin benötigen Schüler/-innen periodische Rückmeldungen über ihr Lernen, damit sie dessen Qualität selbst beurteilen können. Das verweist auf eine gänzlich andere Stellung, die der individuelle Fehler im Lernprozess einnimmt. Fehler werden nicht als Nachteil betrachtet, sondern ihre Reflexion, ihre Analyse und ihre Behebung ermöglichen das Konstruieren weiterer Zusammenhänge (vgl. Oser, Hascher & Spychiger 1999; Althof 1999; Weingardt 2004). Damit lässt sich die Qualität konstruktiven Unterrichts an der Art und Weise bemessen, in der es einer Lehrkraft gelingt, jede/n Schüler/-in zu selbständiger Konstruktion neuer Fähigkeiten, zu selbständigem Arbeiten, zu veranlassen.

Insgesamt beziehen sich beide Standpunkte auf unterschiedliche Arten des Lernens. Lernen als Abbildung dürfte sich eher für Lernvorgänge auf niedrigerem Niveau, also für Auswendiglernen, oder für das überblicksartige Vermitteln völlig neuartiger Sachverhalte eignen. Lernen als Konstruktion eignet sich besser zur Aneignung komplexerer Lernprozesse und vor allem zur Vermittlung nicht nur von Wissen, sondern vor allem zur Vermittlung von Kompetenzen, Problemlösungsstrategien und Selbständigkeit beim Lernen. Darüber hinaus fördert es die Lern- und Leistungsmotivation – zumindest bei den Schüler/-innen, die damit vertraut sind, die also mit der bei dieser Art von Lernen erforderlichen Freiheit umgehen können und sie zielorientiert zum Lernen einsetzen können (vgl. Ingenkamp & Lissmann 2008: 286ff.). Daraus leitet sich letztendlich die Vorstellung ab, komplexeren Verarbeitungsprozessen den Vorrang zu geben, da das Ziel schulischer Vermittlungsprozesse (besonders im berufsschulischen Bildungssystem) weniger auf der Vermittlung von trägem Wissen, sondern von domänenspezifischer Kompetenz liegt (zum Kompetenzbegriff vgl. Weinert 2001: 45ff.). Geeignet erscheint dabei eine Kombination beider Vorgehensweisen, bei der sowohl verständliche Fachinhalte bereitgestellt werden (Abbildung) und darüber hinaus Probleme und Lernanlässe zur konstruktiven Bearbeitung der jeweiligen Inhalte geboten werden (Konstruktion), bei denen dann letztlich auf die abbildend vermittelten Fachkenntnisse zurückgegriffen werden kann.

Ein wesentliches Element eines jeden Unterrichts, sei er in abbildender, in konstruktiver oder in einer Mischform angelegt, bildet dabei die Rückmeldung über die Qualität der Verarbeitung (Steuerung). Dabei handelt es sich um ein weiteres Element des Unterrichts, das in je unterschiedlicher Weise die beiden Lernvorstellungen unterstützt – beim abbildenden Lehren in Form der Ergebniskontrolle, beim konstruktiven Lernen in Form von Lernprozesskontrolle.

Anhand der Gegenüberstellung dieser beiden Lernvorstellungen und den davon abgeleiteten Lehrgrundsätzen zeigt sich eine Besonderheit der Konzeption von Posch, Schneider und Mann: Sie integriert verschiedene Perspektiven des Lehrens und Lernens in ein einziges Modell und räumt damit mit dem oftmals vorherrschenden Methodenmonismus auf. Die hier vorgestellte Konzeption spricht eindeutig dafür, unter Berücksichtigung der entsprechenden Rahmenbedingungen wie Klassengröße, Unterrichtsthema, Unterrichtsziel, Lehrer/-innenintention, Lerner/-innenkompetenzen usw. jene Methode zu verwenden, die unter eben diesen Umständen die geeignetste ist. Das setzt jedoch auf Seite der Lehrkraft auch die Fähigkeit voraus, eben diese Umstände zu berücksichtigen, zu interpretieren und daraus dann die richtige Schlussfolgerung zu ziehen. Dabei ist mit „richtig" in diesem Fall die Entscheidung gemeint, die zu einer Unterrichtsmethode führt, die den bestmöglichen Lernerfolg erwarten lässt.

2.3 Rückmeldung

Betrachtet man die beiden erläuterten Vorstellungen des Lernens und ihre jeweilige Schwerpunktsetzung mit Blick auf die methodische Umsetzung, so erfüllt ein Unterricht, der beiden Vorstellungen sinnvoll und lernanlassbezogen Platz bietet, zunächst zwei Funktionen: Einerseits stellt er verständliche Fachinhalte bereit, andererseits bietet er Lernanlässe zur konstruktiven Auseinandersetzung mit den Inhalten. Eine dritte Funktion von Unterricht stellt die bereits oben im Kontext der konstruktivistischen Lernauffassung angesprochene Rückmeldung dar.

Hier geht es darum, die Lernenden darüber zu informieren, welche Erfolge ihre bisherige Lernarbeit hatte. Diese Rückmeldung hat eine Steuerungsfunktion, die die Schüler/-innen darüber informiert, wie gut ihre Lernaktivität dazu geeignet war, die gestellten Probleme zu lösen und Aufgaben zu bearbeiten. Dabei lassen sich zunächst die Auswirkungen der Rückmeldung in Bezug auf die Unterscheidung von effektiver und potentieller Leistung auf der einen Seite und die kognitive und die affektive Wirkung auf der anderen Seite unterscheiden.

Nach Posch, Schneider und Mann erfüllt die Rückmeldung den Zweck, die effektive möglichst nahe an die potentielle Leistung heranzubringen (Posch et al. 1989: 56ff.). Dabei lässt sich die Unterscheidung zwischen effektiver und potentieller Leistung mit dem Kompetenzbegriff nach Chomsky (1969: 13ff.) und dessen Abgrenzung von Performanz erläutern. Während die potentielle Leistung jene Leistungsfähigkeit bezeichnet, die zum Zeitpunkt einer Leistungserbringung prinzipiell möglich wäre (Kompetenz), bezeichnet der Begriff der effektiven Leistung jenes Vermögen, das unter Berücksichtigung aktueller Begleitumstände erbracht werden kann und das demzufolge durch Motivation, Ablenkung, körperliche Verfassung, aber auch durch äußere Umstände wie bspw. die Temperatur im Klassenraum, die Umgebungslautstärke etc. ungünstig beeinflusst wird (Performanz). Bemerkenswert ist dabei, dass die potentielle stets über der effektiven Leistung liegt, da es immer Begleitumstände gibt, die sich limitierend auf die effektive Leistung auswirken (vgl. Posch et al. 1989: 66).

Der Sinn der Rückmeldung ist demnach darin zu sehen, die effektive der potentiellen Leistung anzunähern. Das geschieht in zwei Formen der Rückmeldung, einer kognitiven und einer affektiven. Die kognitive Rückmeldung besteht darin, Informationen zu geben und zu verwerten, die sich auf die Richtung des weiteren Lernverhaltens auswirken. Fehler, also Kenntnisse, die für die weitere Bearbeitung der aktuellen Problematik ungeeignet sind, werden identifiziert und das vorhandene Leistungspotential wird in geeigneterer Richtung genutzt. Insofern lässt sich also von einer kognitiven Rückmeldung sprechen, als sie sich auf die Steuerung kognitiver Prozesse konzentriert. Dazu gehören bspw. Informationen darüber, ob die Lösung einer Aufgabe richtig ist oder nicht, Hinweise auf die Brauchbarkeit von Kenntnissen des/r Schülers/-in zur Lösung einer Aufgabe, oder auch schlicht die Bereitstellung der korrekten Lösung für eine Aufgabe.

Affektive Rückmeldung bezieht sich dem gegenüber nicht auf Informationen, mit denen der weitere Lernprozess zielbezogen fortgesetzt werden kann, sondern auf den Grad der weiteren Nutzung vorhandener Kenntnisse. Vereinfacht lässt sich hier von motivationalen Einflüssen sprechen, die sich in Form von Lob oder Tadel auf den Wert von Kenntnissen der Schüler/-in auswirken. Der Wert solcher Kenntnisse, die zu einer erfolgreichen Problemlösung geführt haben, steigt durch affektive Rückmeldung, während der Wert jener Kenntnisse sinkt, deren Verwendung nicht erfolgreich war. Dabei ist unter „Wert“ die Wahrscheinlichkeit zu verstehen, mit der von dem/r Lerner/-in in einer ähnlichen Situation erneut Energie bereitgestellt wird, um die erarbeiteten Vorkenntnisse erneut zur Bearbeitung einer ähnlichen Aufgabe zu nutzen.

Entgegen dieser systematischen Trennung zwischen kognitiver und affektiver Rückmeldung hat jede der beiden Arten sowohl affektive als auch kognitive Folgen. So steigt mit der (durch kognitive Rückmeldung erfolgten) Information, dass ein gewählter Lösungsweg der angemessene war, auch die Motivation, in einer ähnlich gelagerten Problemlage eine ähnliche Lösung erneut zu versuchen (affektive Wirkung), und vice versa. Jedoch reicht trotz dieses Zusammenhangs die kognitive Rückmeldung alleine oftmals nicht aus, um Schüler/-innen zu einer intensiven Weiterarbeit zu motivieren. Explizite affektive Rückmeldung ist unumgänglich, um die Leistungsbereitschaft zu stärken, und zwar sowohl durch (angemessenes) Lob als auch durch (ebenso angemessenen) Tadel. „Wenn der Lehrer lobt oder tadelt, ist nicht nur die effektive Leistung des Schülers davon betroffen, sondern es werden auch sehr grundlegende Einstellungen des Schülers (die Einstellung zum Gegenstand, sein Vertrauen in die eigene Leistungsfähigkeit, ja sogar sein Selbstwertgefühl) davon berührt und ihr Wert beeinflusst“ (Posch et al. 1989: 69). Zu einer Erfolg versprechenden Annäherung der effektiven an die potentielle Leistung der Schüler ist es demnach erforderlich, beide Arten von Rückmeldung in adäquater Weise einzusetzen.

2.4 Funktionsträger des Unterrichts

Die drei genannten Funktionen, die Unterricht ausübt, dienen einer zielorientierten Verarbeitung von Informationen seitens der Lernenden. Eine solchermaßen zielgerichtete Unterrichtsorganisation setzt jedoch bestimmte Unterrichtsbedingungen voraus, die den Rahmen bestimmen, innerhalb dessen die Verarbeitung der Unterrichtsinhalte erfolgen kann und die dementsprechend diesen Verarbeitungsprozess unterstützen, aber auch behindern können. Hier werden die Funktionsträger genannt, die sozialen Bedingungen, die räumlichen sowie die zeitlichen Rahmenbedingungen. Diese vier Bedingungen unterscheiden sich grundsätzlich in dem Ausmaß, in dem sie durch die Lehrkraft beeinflusst werden können. Eine Beeinflussung der zeitlichen und räumlichen Determinanten ist nur in sehr eingeschränktem Maße möglich. Hier ist z. B. an die Zahl der Unterrichtseinheiten pro Woche sowie an deren Dauer zu denken, die im Normalfall für die Bearbeitung eines bestimmten Themenbereichs zur Verfügung stehen[4]. Zwar besteht ein großer Zusammenhang zwischen der Arbeitszeit, die den Schüler/-innen für die Bearbeitung eines Lerngegenstands zur Verfügung steht, und dem Lernergebnis (vgl. hierzu bspw. die Ansätze des adaptiven Unterrichts oder des Mastery Learnings

4 Das gilt sowohl für den vorrangig fächerorientierten allgemein bildenden wie auch für den lernfeldorientierten berufsschulischen Unterricht – beide unterscheiden sich diesbezüglich lediglich in der Zuordnung der Inhalte zu den Bearbeitungszeiten (vgl. z. B. Kultusministerkonferenz 1997).

(Carroll 1973; Achtenhagen, Bendorf, Getsch & Reinkensmeier 2001; Weinert 1982)). Allerdings hat die Lehrkraft im Normalfall nur geringe Möglichkeiten, diese Arbeitszeit zu verändern, da sie relativ strikt durch den Lehrplan vorgegeben ist. Ähnlich verhält es sich mit den räumlichen Rahmenbedingungen.

Anders stellt sich die Situation im Kontext der sozialen Rahmenbedingungen dar. Hier werden Fragen nach Unterrichtsstil und geeigneter Sozialform beantwortet, auf die die Lehrkraft bereits in weitaus größerem Maß einwirken kann als auf die zeitlichen und räumlichen Rahmenbedingungen. Gleiches gilt für die Funktionsträger von Unterricht, auf die im Folgenden etwas intensiver eingegangen werden soll. Bei der Betrachtung dieser Rahmenbedingung wird die Stärke das Ansatzes von Posch, Schneider und Mann erneut deutlich: Sie liegt vor allem darin, diese Rahmenbedingungen systematisiert zu betrachten und unter ihren Vorgaben diejenigen Entscheidungen für die Unterrichtsdurchführung zu treffen, die einen bestmöglichen Unterricht ermöglichen.

Die drei genannten Funktionen von Unterricht, das Bereitstellen verständlicher Inhalte, das Bereitstellen von Problemen und Lernanlässen zur Verarbeitung der Inhalte sowie die Rückmeldung über die Verarbeitungsqualität, müssen von entsprechenden Instanzen übernommen werden. Hier lassen sich generell personelle und materielle Funktionsträger voneinander unterscheiden. Als personelle Funktionsträger werden alle Personen bezeichnet, die eine oder mehrere der drei Unterrichtsfunktionen übernehmen können. Hierunter fallen in erster Linie die Lehrenden, aber auch Personen außerhalb der Schulen, wie bspw. Kultusministerien, die Einfluss auf die Lernziele und -inhalte ausüben, Eltern, im Bereich der beruflichen Bildung wäre hier an betriebliches Personal oder Personen der Industrie- und Handelskammern zu denken, etc. Ein äußerst bedeutsamer Unterrichtsträger wird bei solchen Aufzählungen jedoch oftmals vergessen. Hierbei handelt es sich um die Schüler/-innen, die selbstverständlich ebenfalls jede einzelne der drei Unterrichtsfunktionen in unterschiedlicher Intensität, Form und Häufigkeit wahrnehmen können. Materielle Funktionsträger sind sämtliche Formen von Materialien, die für den Transport der Unterrichtsfunktionen Verwendung finden können, bspw. die Tafel, Folien, (Lücken-)Texte, Filme, Präsentationen usw., also Unterrichtsmaterialien jeglicher Art[5].

In Zuordnung zu den drei Unterrichtsfunktionen lassen sich nun im Zuge der Unterrichtsvorbereitung jene Träger identifizieren, die in Abhängigkeit von den anderen Unterrichtsdeterminanten (bspw. dem Lehrziel, der Lernergruppe, der Gruppengröße etc.) am besten zur Umsetzung des Unterrichts geeignet sind. Hierbei gibt es einige Grundsätze zu beachten:

---

5 Dieser Bereich der Funktionsträger ist im Kontext des Berliner Modells mit „Medien“ bezeichnet (vgl. Schulz 1965: 34).

So ist ein materieller Träger der Funktion „Inhalte bereitstellen" sehr gut dazu in der Lage, nichtsprachliche Symbole darzustellen (Linien, Diagramme, Übersichten, etc.). Darüber hinaus kann er sehr gut an die Lern(zeit)bedürfnisse der Lernenden angepasst werden, da man in Abhängigkeit von den jeweils individuellen Lernvoraussetzungen z. B. einen Text mehrfach durchlesen kann, falls das aus Sicht der Schüler/-innen erforderlich sein sollte. Zeitliche Abfolgen können mittels der entsprechenden Materialien hervorragend dargestellt werden, zeitlich lang andauernde, ggf. sogar hochkomplexe Prozesse können durch entsprechende Materialien (z. B. Zeitrafferaufnahmen, Computeranimationen oder -simulationen) sehr gut nachvollziehbar dargestellt werden. Besonders im Hinblick auf diese Stärken ist der/die Lehrer/-in als ein bedeutender personeller Funktionsträger im Nachteil: So kann er/sie bspw. Zusammenhänge, die sich nur in nichtsprachlichen Symbolen darstellen lassen, sprachlich nicht vermitteln. Dafür kann er allerdings durch Mimik, Gestik, Betonung und Rhythmus seine/ihre Sprache ergänzen, was in besonderem Maße dazu geeignet sein kann, bei den Lernenden Emotionen zu wecken. Dieser Vorteil fehlt dem materialen Funktionsträger weitestgehend. Weiterhin kann sich die Lehrkraft als personaler Funktionsträger zwar an die Lernzeitbedürfnisse der Schüler/-innen anpassen, in einem Lehrvortrag kann sie jedoch nicht auf individuelle Unterschiede reagieren, sondern lediglich auf Veränderungen der Lernbedürfnisse der gesamten Lernergruppe.

Bei der Betrachtung der personellen Funktionsträger im Kontext der drei Unterrichtsfunktionen soll jedoch noch besonders auf den/die Schüler/-in als einem bedeutsamen Funktionsträger hingewiesen werden. Jede der drei Unterrichtsfunktionen kann nämlich in unterschiedlichsten Lehr-Lernkontexten auf ihn/sie übertragen werden. Dies wird besonders deutlich, wenn man an Unterrichtsarrangements denkt, die besonderen Bezug nehmen auf selbstreguliertes oder auf soziales Lernen (vgl. Weinert 1982; Artelt 2000), auf entdeckenlassenden oder problemorientierten Unterricht (vgl. Bruner 1980; Straka & Macke 2006) oder auf handlungsorientierte Lehr-Lernarrangements (vgl. Kaiser & Kaminski 1994; Dörig 2003). Insofern berücksichtigt der Ansatz von Posch, Schneider und Mann auch solche (modernen) Lehr-Lernarrangements, bei denen der/die Lehrende als Träger der drei Unterrichtsfunktionen mehr und mehr in den Hintergrund tritt. Anhand der drei Unterrichtsfunktionen dargestellt könnte eine solche Unterrichtssequenz bspw. derart gestaltet werden, dass die Lehrkraft als personeller Funktionsträger eine Aufgabe stellt, zu der sich die Lerner/-innen bspw. in Gruppen aus den tagesaktuellen Medien Informationen beschaffen sollen (Funktion 1: Inhalte bereitstellen), mit diesen Informationen ein Problem bearbeiten sollen (Funktion 2: Lernanlass bereitstellen) und ihre Ergebnisse dann in Gruppendiskussionen gegenseitig vorstellen und bewerten sollen (Funktion 3: Rückmeldung). Andererseits kann der/die Lehrende bei einem solchen Vorgehen die drei Funktionen ebenfalls wahrnehmen, indem sie/er die Inhalte so bereitstellt, dass sie den Eingangsvoraussetzungen der Schüler/-innen individuell angepasst werden (er/sie formuliert bspw. unverstandene Inhalte um, die die Lernenden den Medien entnommen haben; Funktion 1), er/sie kann die Lernanlässe steuern (bei Verständnisproblemen kann er/sie die Problemstellung umformulieren, oder - besonders in berufsbildendem Unterricht - die Relevanz der zu bearbeitenden Problemstellung für die zukünftige berufliche Tätigkeit verdeutlichen; Funktion 2), und er/sie kann bei der Ergebnispräsentation auf Fehler im Informationsbeschaffungs- oder -verarbeitungsprozess aufmerksam machen, auf hinderliche Rahmenbedingungen hinweisen oder lobend oder tadelnd affektive Rückmeldung geben (Funktion 3).

Dieser Zusammenhang zwischen Unterrichtsfunktionen und Funktionsträgern soll an dieser Stelle nicht weiter auf die anderen Funktionen ausgedehnt werden, sondern lediglich als Beispiel dienen, anhand dessen sich in der konkreten Unterrichtsvorbereitung die jeweiligen Vor- und Nachteile der jeweiligen Funktionsträger in Bezug auf die jeweiligen Unterrichtsfunktionen herausarbeiten lässt. Konkret könnte dies in der Unterrichtsvorbereitung geschehen, indem sich die Lehrperson bspw. eine Tabelle anlegt, in der die drei Unterrichtsfunktionen den zwei Funktionsträgern gegenüber gestellt werden. In Abhängigkeit vom aktuell verfolgten Unterrichtsziel und dem Unterrichtsinhalt können dann die Vor- und Nachteile der jeweiligen Funktionsträger eingetragen werden, woraus sich für den konkreten Unterricht eine Entscheidungshilfe für die Auswahl des geeignetsten Funktionsträgers ergibt.

An dieser Stelle zeigt sich erneut die Stärke dieses Ansatzes, da er die Einflussfaktoren auf Unterricht lediglich in einen aufeinander bezogenen Kontext stellt, ohne dem Entscheidungsträger, nämlich dem Lehrenden, die erforderliche Entscheidung abzunehmen. Der Ansatz bietet lediglich eine Hilfestellung, um das komplizierte Geflecht aus verschiedensten Faktoren durchschaubar zu machen und die interdependenten Bezüge aufzudecken. Er bietet Entscheidungshilfen, nimmt aber keine Entscheidungen vorweg.

3. Diskussion

Der hier in einem kleinen Ausschnitt vorgestellte Ansatz von Posch, Schneider und Mann stellt den Versuch dar, das hochkomplizierte Unterrichtsgeschehen in einer systematisierten Darstellung aller den Unterricht bedingenden und beeinflussenden Faktoren und ihrer Interdependenzen einer deskriptiven Darstellung zu unterziehen. Es bietet damit nichts anderes als eine Hilfestellung für Lehrkräfte, mit der sie die Entscheidungen, die für Unterricht erforderlich sind, analysieren und systematisiert betrachten können. Diese Entscheidungen werden in dem vorgestellten Ansatz nicht vorweg genommen, sondern stets zur Disposition gestellt. Allerdings mag man den Autoren diese ausschließlich deskriptive Ausrichtung auch ankreiden, denn damit berücksichtigen sie die normativen Implikationen nicht, die sich alleine dadurch ergeben, dass eine jegliche Lehrkraft von ihren eigenen normativen Vorstellungen geleitet ist – diesen Aspekt hatte bereits das (ältere) lehr-lerntheoretische Berliner Modell integriert.

Weiterhin ist der hier vorgestellte Ansatz sehr stark lehrerzentriert, weil er die Einschätzungen des/der Lehrenden als den definitorischen Maßstab gelten lässt. Die Lernenden werden nur insofern als Gestalter des Unterrichts aufgenommen, als ihnen prinzipiell die Übernahme der Funktionen von Unterricht zugesprochen wird. Eine Berücksichtigung der Schüler/-innenperspektive bspw. in Bezug auf die Frage, wie denn ein Lehrervortrag aussehen sollte, der die erforderlichen Kriterien für ein exaktes Abbilden erfüllt, oder wie der/die Lehrende herausfinden kann, welche Problemstellung im Kontext des konstruktiven Lernens den Lernenden denn verständlich ist, erfolgt nicht. So kann auch bspw. das, was ein/e Lehrer/-in als eine stark motivierende, affektive Rückmeldung einschätzt, ggf. für den betroffenen Schüler/-in eher demotivierend sein – und sei es nur, weil der Lehrer nicht den „richtigen Ton“ getroffen hat (vgl. Bienengräber 2000).

Andererseits sind das jedoch Vorgaben, die der/die Lehrende stets in Abstimmung mit der jeweiligen Lernergruppe stets aufs Neue treffen muss. Insofern wäre es sinnvoll, den Nutzer des Ansatzes von Posch, Schneider und Mann explizit auf diese Lehrerzentrierung hinzuweisen, so dass bei der Unterrichtsvorbereitung daraus die erforderlichen Schlüsse gezogen werden können und eine Reflexion der eigenen normativen Vorstellungen in Bezug auf abweichende Vorstellungen der Lernenden auch erfolgen kann.

Unterricht ist ein derartig kompliziertes, dynamisches Geschehen, dass die Veränderung eines einzelnen Strukturelements unerhörte Folgen für das gesamte Unterrichtsgefüge zeitigen kann – mit der Folge, dass der Unterricht durch eine unbedachte Veränderung aus seiner Harmonie geraten kann. Insofern soll an dieser Stelle der Titel der Veranstaltung aufgegriffen werden, unter der dieser Aufsatz entstand: „Unterricht vorbereiten nach Didaktischen Konzepten oder Modellen oder gar nicht?“ Die Antwort auf den letzten Aspekt dieser Frage kann nur lauten, dass „gar nicht“ keine Option darstellen kann, denn um Unterricht erfolgreich gestalten zu können, um also „guten Unterricht“ zu bieten, ist ein Durchschauen dieses komplizierten Geflechts unterschiedlichster Einflussgrößen erforderlich. Dazu ist eine stabile, umfassende, theoretische Basis erforderlich, denn nur auf einer solchen Grundlage kann man Unterricht theoriegeleitet vorbereiten, nachbereiten, analysieren und verbessern.

4. Literatur

Achtenhagen, F., Bendorf, M., Getsch, U. & Reinkensmeier, S. (2001). Mastery Learning mit Hilfe einer multimedial repräsentierten Modellunternehmens in der Ausbildung von Industriekaufleuten. In K. Beck & V. Krumm (Eds.), Lehren und Lernen in der beruflichen Erstausbildung: Grundlagen einer modernen kaufmännischen Berufsqualifizierung (pp. 427 S.). Opladen: Leske + Budrich.

Althof, W. (1999). Fehlerwelten: vom Fehlermachen und Lernen aus Fehlern. Opladen: Leske + Budrich.

Anderson, L. W. & Krathwohl, D. R. (2001). A taxonomy for learning, teaching, and assessing: a revision of Bloom's taxonomy of educational objectives (complete edition). New York [u.a.]: Longman.

Artelt, C. (2000). Strategisches Lernen. Münster [u.a.]: Waxmann.

Bienengräber, T. (2000). Die Entwicklung moralischer Urteilskompetenz in der Berufsschule - Zur Bedeutsamkeit einzelner sozialer Bedingungen für die Genese der moralischen Urteilsfähigkeit. In F. J. Kaiser (Ed.), Berufliche Bildung in Deutschland für das 21. Jahrhundert. Dokumentation des 4. Forums Berufsbildungsforschung 1999 an der Universität Paderborn (pp. 179-188). Nürnberg: Institut für Arbeitsmarkt- und Berufsforschung der Bundesanstalt für Arbeit.

Bienengräber, T. (2002). Vom Egozentrismus zum Universalismus: Entwicklungsbedingungen moralischer Urteilskompetenz. Wiesbaden: Deutscher Universitäts-Verlag.

Blankertz, H. (1973). Theorien und Modelle der Didaktik. München: Juventa-Verlag.

Blankertz, H. (1991). Theorien und Modelle der Didaktik. München: Juventa-Verlag.

Bloom, B. S., Krathwohl, D. R. & Engelhart, M. D. (1976). Taxonomie von Lernzielen im kognitiven Bereich. Weinheim [u.a.]: Beltz.

Bruner, J. S. (1980). Entwurf einer Unterrichtstheorie. Berlin [u.a.]: Berlin-Verl. [u.a.].

Buggle, F. (1997). Die Entwicklungspsychologie Jean Piagets. Stuttgart [u.a.]: Kohlhammer.

Carroll, J. B. (1973). Ein Modell schulischen Lernens. In W. Edelstein & D. Hopf (Eds.), Bedingungen des Bildungsprozesses: psychologische und pädagogische Forschungen zum Lehren und Lernen in der Schule (pp. 234-250). Stuttgart: Klett.

Chomsky, N. (1969). Aspekte der Syntax-Theorie. Frankfurt/Main: Suhrkamp.

Colman, J. (2008). Lockes Theorie der empirischen Erkenntnis. In U. Thiel (Ed.), John Locke, Essay über den menschlichen Verstand (2., bearb. Aufl. ed., pp. 197-222). Berlin: Akad.-Verl.

Dörig, R. (2003). Kapitel 4.3 Der handlungsorientierte Unterricht nach Herbert Gudjons. In R. Dörig (Ed.), Handlungsorientierter Unterricht - Ansätze, Kritik und Neuorientierung aus bildungstheoretischer, curricularer und instruktionspsychologischer Perspektive (pp. 62-90). Stuttgart: wiku-Verlag.

Gerstenmaier, J. & Mandl, H. (1995). Wissenserwerb unter konstruktivistischer Perspektive. Zeitschrift für Pädagogik, 41 (6), 867-888.

Helmke, A. (2010). Unterrichtsqualität und Lehrerprofessionalität. Diagnose, Evaluation und Verbesserung des Unterrichts. 3. Aufl., Seelze-Velber: Kallmeyer.

Ingenkamp, K. & Lissmann, U. (2008). Lehrbuch der pädagogischen Diagnostik (6. ed.). Weinheim {[u.a.]: Beltz.

Kaiser, F.-J. & Kaminski, H. (1994). Methodik des Ökonomieunterrichts. Bad Heilbrunn: Klinkhardt.

Knecht-von Martial, I. (1986). Theorie allgemeindidaktischer Modelle. Köln [u.a.]: Böhlau.

Kron, F. W. (1994). Grundwissen Didaktik (2 ed.). Basel: E. Reinhardt.

Kultusministerkonferenz. (1997). Rahmenlehrplan für den Ausbildungsberuf Bankkaufmann/Bankkauffrau.

Oser, F., Hascher, T. & Spychiger, M. (1999). Lernen aus Fehlern. In W. Althof (Ed.), Fehlerwelten (pp. 11-41). Opladen: Leske + Budrich.

Piaget, J. (1976). Die Äquilibration der kognitiven Strukturen. Stuttgart: Klett.

Posch, P., Schneider, W. & Mann, W. (1989). Unterrichtsplanung: Mit Beispielen für den betriebswirtschaftlichen Unterricht. Wien: Manz.

Schulz, W. (1965). Unterricht: Analyse und Planung. In P. Heimann, G. Otto & W. Schulz (Eds.), Unterricht: Analyse und Planung (10 ed., Vol. 1/2, pp. 220). Hannover: Schroedel.

Straka, G. A. & Macke, G. (2006). Lern-Lehrtheoretische Didaktik. Münster: Waxmann.

Weinert, F. E. (1982). Selbstgesteuertes Lernen als Voraussetzung, Methode und Ziel des Unterrichts. Unterrichtswissenschaft, 10, 99-110.

Weinert, F. E. (2001). Concepts of Competence: A Conceptual Clarification. In D. S. Rychen & L. H. Salganik (Eds.), Defining and selecting key competencies (pp. 45-65). Göttingen: Hogrefe & Huber.

Weingardt, M. (2004). Fehler zeichnen uns aus: transdisziplinäre Grundlagen zur Theorie und Produktivität des Fehlers in Schule und Arbeitswelt. Bad Heilbrunn/Obb.: Klinkhardt.

„Case Teaching" als Impuls für fallbasiertes Lehren und Lernen im Politikunterricht

Andreas Blätte

1. Neuigkeitswert eines transatlantischen Imports?

Im angloamerikanischen Raum hat sich an Universitäten und insbesondere an den sogenannten „Professional Schools for Public Policy" das Case Teaching als Lehrpraxis fest etabliert ist. Oder um es ohne Anglizismus zu formulieren: Insbesondere in den USA ist eine fallbasierte akademische Lehre weit verbreitet. Diese wird derzeit bei der Gestaltung eher praxisorientierter politikwissenschaftlicher Studiengänge in Deutschland rezipiert und adaptiert. Doch dies ist im deutschen Kontext beileibe keine Innovation ohne Anknüpfungspunkte: Das Fallprinzip ist als Leitvorstellung in der Politikdidaktik längst präsent. Es ist vor diesem Hintergrund das Ziel dieses Beitrags zu erörtern, was durch eine Rezeption bzw. Adaption des angloamerikanischen Case Teaching gewonnen werden kann. In diesem Sinne soll in das Case Teaching eingeführt und der Nutzen fallorientierten Lehrens und Lernens für den Politikunterricht begründet werden. Daraus lässt sich ein Entwicklungsbedarf an Fällen ableiten und folgern, wie Fälle sinnvoll gestaltet und eingesetzt werden können. Dabei geht es nicht nur darum, Schüler/-innen zu mündigen Bürger/-innen zu machen, sondern auch um den Erwerb von analytischen Fähigkeiten und den Aufbau theoretisch-konzeptueller Wissensnetze, um mit diesen ggfls. zukünftige politische Handlungsrepertoires zu aktivieren.

2. Die Praxis des Case Teaching

Das Case Teaching kommt in den USA in verschiedenen Studiengängen mit politikwissenschaftlichem Anteil zum Einsatz. Eine wichtige Rolle nehmen sie in der Lehre in den eher anwendungsorientierten Master of Public Administration- und Master of Public Policy-Studiengängen ein. Fälle werden auch für den Einsatz in „konventionellen" politikwissenschaftlichen Bachelor- und Master-Studiengängen empfohlen (Taylor 1994; Payerhin 2003). Der Einsatz von Fällen ist jedoch an Professional Schools, also an solchen universitären Bildungseinrichtungen, die eher anwendungsorientierte Studiengänge anbieten, am weitesten verbreitet. Insbesondere die fallbasierte Lehre an den Professional Schools der Harvard University ist stilprägend. Fälle wurden ab den 1870er Jahren an der Law School der Harvard University, ab den 1920er Jahren auch von der Harvard Business School (HBU) und schließlich auch in der politik- und verwaltungswissenschaftlichen Lehre eingesetzt (Lynn 1999). Die John F. Kennedy School of Government der Harvard University war und ist die führende politikwissenschaftliche Einrichtung der fallbasierten Lehre und bietet mit einer Online-Datenbank, welche fast 2.000 Fälle umfasst (www.ksgcase.harvard.edu), die größte verfügbare Fallsammlung an. Ausgehend von einer Darstellung des paradigmatischen Harvard-Stils der fallbasierten Lehre, der ein steter Referenzpunkt der Diskussion der Fallmethode ist, soll im Folgenden die Bandbreite der Möglichkeiten fallbasierter Lehre dargestellt werden.

2.1 Entscheidungs- und Retrospektivfälle

Grundlage des klassischen Case Teaching ist der Fall (case). Der Fall bzw. die „Falldarstellung"[1] ist – jedenfalls bei der fallbasierten Lehre im Harvard-Stil – ein Text, der einen realen politischen Sachverhalt darstellt, den eine Dilemmasituation kennzeichnet. Für den Fall, verstanden als politisches Problem, gibt es keine leichte oder gar triviale Lösung. Vielmehr stellt der Fall eine von Komplexität und Zielkonflikten geprägte Handlungssituation dar. Es handelt sich um reale politische Situationen, nicht um fiktive Szenarien. Dilemmata treten in politischen Entscheidungssituationen jedweder Art auf: Einer der wenigen deutschlandbezogenen Fälle in der Fall-Datenbank der Kennedy School beschreibt etwa eine Entscheidungssituation in der Geschichte der Treuhandanstalt, bei der zu entscheiden war, ob man den Konkurs unprofitabler ehemaliger DDR-Unternehmen zulassen wollte, oder ob eine neue Art von Beschäftigungsgesellschaft geschaffen werden sollte (Lundberg 1992).

Eine Falldarstellung ist eine detailreiche und sorgfältig recherchierte, auch ansprechend geschriebene Darstellung eines politischen Vorgangs. Falldarstellungen präsentieren eine politische Geschichte, es sind keine wissenschaftlichen Abhandlungen. Eine Diskussion des Forschungsstands und ein Theorieteil fehlen bewusst. Eine Falldarstellung ist die Grundlage zum Verständnis einer komplexen Entscheidungssituation und mutet daher wie eine „dichte Beschreibung" (Geertz 1983) an. Die Beschreibung sollte vollständig sein, Leser/-innen sollten keine Zusatzinformationen benötigen, um den Fall bearbeiten zu können. Fälle stützen sich auf eine heterogene Quellen- und

1 Es gibt zahlreiche Ratgeber, was gute Falldarstellungen ausmacht und wie diese aufbereitet werden; vgl. Zimmermann 1985, Kennedy/Scott 1985, Roberts 2001, Heath 2002, Yemen 2006 sowie den zwar auf medizinische Fälle bezogenen, gleichwohl beachtenswerten Ratgeber von Kim u. a. 2006.

Materialbasis und lassen oft auch Zeitzeugen zu Wort kommen. Im Unterschied zu historischen oder journalistischen Textgattungen (z.B. Kommentar) führen Fälle jedoch nicht zu einem Ergebnis oder einer Schlussfolgerung: Am Ende einer Falldarstellung steht vielmehr eine offene Entscheidungssituation. Die Falldiskussion im Unterricht ist eine Suche nach möglichen Lösungen.

So sind decision-forcing cases bzw. „Entscheidungsfälle" angelegt, die von retrospective cases bzw. „Retrospektivfällen" zu unterscheiden sind, welche auf eine offene Entscheidungssituation verzichten und den historischen Bogen durch eine vollständige Schilderung schließen (Golich 2000), meist ohne notwendigerweise einen Akteur festzulegen, aus dessen Perspektive sich die Problematik darstellt. Entscheidungsfälle schildern hingegen die zu diskutierende politische Problematik, wie sie sich für einen bestimmten politischen Akteur darstellt. Dabei kann es sich um einen politischen Entscheidungsträger selbst oder um den Berater eines politischen Entscheidungsträgers handeln. In der bereits erwähnten Falldarstellung zur Treuhandanstalt ist Birgit Breuel, Präsidentin der Treuhandanstalt von 1991 bis 1995, die Protagonistin des Falles. Der Fall endet mit Fragen, mit welchen die Präsidentin der Treuhandanstalt im Sommer 1992 konfrontiert war:

> "Should it [die Treuhandanstalt] be an agent in industrial and development policy or not? Specifically, what should the Treuhand do in cases where an enterprise can be neither privatized nor closed neither because it is the only employer in the area or because, with help, the business would have a 50-50 chance of survival? Despite the commitment of its leadership to private sector principles and practices, how long could it resist pressure to take actions inconsistent with free market scripture? Had it not in fact already taken so many steps down the road to interventionism that only its rhetoric any longer reflected a true privatization agency? Or was its first responsibility to resist any more movement in that direction?" (Lundberg 1992: 35)

Die Diskussion eines Entscheidungsfalles ist problemlösungsorientiert. Sie ist eine Suche nach einer für die im Fall beschriebene Situation optimalen bzw. angemessenen Handlungsoption. Eine Falldiskussion kann dabei flexibel geführt werden, die Bandbreite der Fragetechniken ist beträchtlich (vgl. Cusimano 2000: 87f., Golich 2000: 20). Das paradigmatische Ablaufschema einer Falldiskussion im Harvard-Stil spannt stets einen Bogen von einer Auseinandersetzung mit dem politischen Problem, das in der Handlungssituation auftritt, über Ziele und mögliche Handlungsalternativen hin zu einer Entscheidung, die zu treffen ist. Wie es der Fragenkatalog der ABCs of Case Teaching formuliert:

> "What is the situation? What are the possibilities for action? What are the consequences of each? What action, then, should be taken?" (Golich u. a. 2000: 46)

In einem letzten, fünften Schritt gilt es schließlich, Folgerungen aus der Falldiskussion an die allgemeineren, im weiteren Unterrichtskontext relevanten (theoretischen) Themen rückzubinden (ebd.; Golich 2000; Boehrer 1995).

Retrospektivfälle stellen wie Entscheidungsfälle einen politischen Sachverhalt detailliert dar. Sie führen allerdings nicht zu einer offenen Entscheidungssituation, für die eine „Lösung“ gefunden werden muss, sie stellen vielmehr eine historische Episode einschließlich ihres (vorläufigen) Abschlusses dar. Retrospektivfälle dienen weniger der Entwicklung von Problemlösungskompetenzen, sondern akzentuieren empirisch-theoretische Transferkompetenzen. Bei der Vorbereitung eines Retrospektivfalles verliert dementsprechend die Identifikation einer offenen dilemmatischen Entscheidungssituation an Bedeutung. Vorrangig ist vielmehr, dass der gewählte Stoff ohne theoretischen Deutungsschlüssel ein schwer zu enträtselndes Puzzle darstellt oder verschiedene theoriegeleitete Deutungen zulässt.

Falldiskussionen sind bei alldem keine Planspiele. In Planspielen (etwa Model United Nations oder Simulationen von Verhandlungen im Bundesrat) nehmen die Spieler/-innen Bezug auf eine simulierte Umwelt. Zusätzlich gibt es im Planspiel eine Regelspielkomponente – Entscheidungen werden im Rahmen institutioneller Regeln wie etwa einer Geschäftsordnung getroffen – und eine Rollenspielkomponente, bei der Spieler/-innen unterschiedliche Rollen übernehmen und aufgerufen sind, „in character“ zu handeln (vgl. Geuting 1992). Eine Regelspiel- und vor allem eine Rollenspielkomponente fehlen allerdings bei Falldiskussionen. Bei Entscheidungsfällen sind die an der Falldiskussion Beteiligten zwar aufgerufen, ein Problem und dessen Lösung aus der Perspektive eines bestimmten Akteurs zu diskutieren. Insofern gibt es eine „simulierte“ Perspektivenübernahme. Allerdings handelt es sich um eine rein analytisch-argumentative, nicht um eine darstellerische Rollenübernahme. Während die theoretische Reflektion bei Planspielen erst Gegenstand des „debriefings“, also der Auswertungsphase ist, wird in Falldiskussionen durchgängig ein expliziter Bezug zu handlungsorientierenden Annahmen und Theorien hergestellt. Schließlich ist der Zeitaufwand bei Fällen und Planspielen sehr unterschiedlich. Für eine Simulation muss in aller Regel mindestens ein Tag veranschlagt werden, für eine Falldiskussion reichen meist zwei bis drei Unterrichtsstunden.

Die Gemeinsamkeit von Falldiskussionen und Planspielen ist gleichwohl, dass sie interaktive Unterrichtssituationen schaffen und auf einer Konzeption des erfahrungsbasierten Lernens beruhen (Kolb 1984). Die Interaktivität von Falldiskussionen bedeutet, dass sich Lernprozesse im Zuge einer Interaktion der Teilnehmer/-innen untereinander vollziehen. Die Rolle der Lehrkraft ist eine gänzlich andere als beim Frontalunterricht. Ihre Aufgabe ist es „nur“, auf der Grundlage einer Durchdringung des Falles (z.B. mit Fachkonzepten), die Elaboration der Denkprozesse (z.B. kognitiv-aktivierende Fragen zu stellen) und Denkimpulse zu geben. Fälle wirken als Lehrmethode, weil sie die kontextuelle und handlungspraktische Bedeutung des Wissens berücksichtigen und zum Aufbau von konzeptuellen Wissensnetzen bei Schüler/-innen beitragen.

2.2. Produktivität und Kreativität gefordert: Die Verfügbarkeit von Fällen

Wie findet man bei der Lehrplanung geeignete Fälle? Hat man keine eigenen, selbst geschriebenen Fälle, so bieten die Fall-Datenbanken der Professional Schools reichhaltiges Material. Eine Hilfe bei der Fallauswahl können von Lehrenden für Lehrende verfasste Lehrnotizen (teaching notes) sein, die oft begleitend zu Fällen verfügbar sind. In diesen Lehrnotizen wird beschrieben, welche (alternativen) Einsatzmöglichkeiten es für den jeweiligen Fall gibt, welche Konzepte mit diesem vermittelt werden können, welche Fragen sich in Falldiskussionen bewährt haben und was generell die Erfahrungen mit dem Einsatz des Falles in der Lehre sind. Ein nicht zu unterschätzendes Problem beim Suchen und Finden von Fällen ist die begrenzte Verfügbarkeit von Fällen, die im deutschen oder europäischen Kontext angesiedelt sind. Die Falldarstellung eines politischen Sachverhalts in Form eines sorgfältig aufbereiteten Textes ist im angloamerikanischen Lehr-Lernkontext die klassische Form der Präsentation eines Falles. In den USA bieten einige Einrichtungen umfassende Falldatenbanken an. Der Bedarf an Fällen in Deutschland kann damit gleichwohl nicht gedeckt werden. Eine „Fallwüste" ist Deutschland dennoch nicht. Über die Fallprogramme der Hertie School of Governance, der Willy Brandt School of Public Policy und der NRW School of Governance (z.B. Becker, 2011, Wiegand & Blätte, 2011) sind bereits einige Fälle zugänglich. Doch insgesamt ist die Zahl der zur Verfügung stehenden Fälle noch beschränkt. Die Zahl der verfügbaren Fälle muss in einem längeren Zeitraum gesteigert werden. Die Identifikation von Themen, die gute Fälle werden können, ist dabei nicht trivial. Eine Handreichung des Fallprogramms der Kennedy School listet immerhin fünfundzwanzig Fragen auf, die bei der Konzeption eines Falles zu beachten sind (Gentile 1990). Wenn man das politische Zeitgeschehen verfolgt, zeigen sich gleichwohl alltäglich politische Handlungssituationen, die komplex und von Zielkonflikten geprägt sind und die sich hervorragend auch für theoretisch herausfordernde Fälle eignen.

Fallbasierte Lehre ist allerdings auch ohne Falldarstellungen möglich: Es ist nicht die Art und Weise der Fallpräsentation, die für die Fallmethode kennzeichnend ist, sondern der Ansatz, auf der Grundlage von Informationen über einen politischen Sachverhalt eine problemorientierte Diskussion zu führen, die theoretisches Wissen handlungsrelevant macht. Eine Fallpräsentation kann auch gänzlich ohne ausformulierte Falldarstellung erfolgen. Bei „noncase case"-Fallpräsentationen (Cusimano 2000) wird der darzustellende politische Sachverhalt mit Hilfe von grauer Literatur und Dokumenten verschiedener Art, etwa Statistiken, Zeitungsartikeln oder auch Filmausschnitten, dargestellt. Schriftlich verfügbare Materialien können in Form eines Dossiers zusammengefasst werden. Auch die mündliche Darstellung eines Falles auf der Grundlage einer synoptischen Darstellung einer chronologischen Abfolge von Ereignissen und Entwicklungen kann als Fallpräsentation genügen. Ergänzt mit einer Aufgabenstellung, die als Szenario mit Zeitpunkt und Akteursperspektive eine Entscheidungssituation definiert, kann eine solche Form der Fallpräsentation eine Grundlage für eine produktive Falldiskussion sein.

Abgesehen davon, dass eine Fallpräsentation mittels eines Dossiers im Vergleich zur Falldarstellung in Form eines ausformulierten Texts einen geringeren Aufwand bedeutet, ist es ein Vorteil, dass solche Dossiers kontinuierlich flexibel erweitert werden können. Auch kann es wünschenswert sein, Lernende mit den umfassenden Materialien zu konfrontieren - doch das ist zugleich der Nachteil von Dossiers: Wenn ein Dossier alle relevant erscheinenden Aspekte eines Problems abdecken soll, kann dieses ziemlich umfangreich werden. Die Aufbereitung einer Falldarstellung verlagert demgegenüber die Rezeption aller relevanten Quellen in die Zuständigkeit der Lehrkraft. Hier bieten sich selbständige Schüler/-innenrecherchen zu einem Fall an.

3. Grenzen und theoretische Präferenzen der Fallmethode

Fallbasierte Lehre unterstützt den Erwerb einer Reihe von Kompetenzen. Fähigkeiten bei der Recherche, der Präsentation und Kommunikation, des Transfers und der Problemlösung, analytische Fähigkeiten und auch kritisches Denkvermögen einschließlich der kritischen Beurteilung von Theorien lassen sich durch Falldiskussionen entwickeln. Fälle sind allerdings kein didaktisches Allheilmittel. Eine Falldiskussion setzt Vorkenntnisse voraus. Es gibt eine Reihe von Gegenständen, die nur stark eingeschränkt oder gar nicht fallbasiert vermittelt werden können. Die Wissensvermittlung gemäß aktueller Lehr-Lerntheorien mit aktiven und instruktionalen Elementen wird durch fallorientierte Lehrelemente nicht obsolet.

Die Fallmethode ist hingegen gut geeignet, um die handlungspraktischen Folgen von Theorien in Realpolitik und damit deren Relevanz erkennbar zu machen. Doch daraus folgt zugleich eine theoretische Schranke des Einsatzes von Fällen. Der Bezug zum realen Handeln von Akteuren lässt sich weder bei Entscheidungsfällen noch bei Retrospektivfällen auflösen; wer fallorientiert unterrichtet, kommt nicht umhin, sich auf das Konzept des Handelns von Akteuren (z.B. unter Interessen und Machtaspekten) einzulassen. Vor allem setzt der Handlungsbezug von Fällen nicht notwendigerweise Annahmen des rationalen Entscheidungsmodells voraus. Hier ist Breits (2006) Aussage zutreffend, dass ein handlungsorientiertes Unterrichten mit politischen Fällen den Faktor Macht für politische Handlungslogiken sowie eine Strukturanalyse moderner Gesellschaften und deren Kritik nicht ausblenden darf.

Der Grundgedanke, dass Wissen erst durch Kontextualisierung handlungsrelevant wird, ist ein Ausgangspunkt der Entwicklung der Fallmethode.

Möglichkeiten innovativen Handelns bestehen, weil Handlungssituationen stets über- oder unterdeterministisch sind, doch niemals ausschließlich eine Handlungsmöglichkeit als einzig rationale Option zwingend fordern. Die Annahmen rationaler Entscheidungsmodelle und Heuristiken, die bei einer richtigen Kalkulation des Nutzens von Optionen und korrekt angewandten Maximierungsregeln nur eine richtige Lösung kennen (vgl. Hay 2011), stehen mindestens in einem Spannungsverhältnis zu der Annahme bei der fallbasierten Lehre, dass es weder objektiv richtiges Wissen noch optimale Entscheidungen jenseits des in einer Diskussion zu erschließenden Handlungskontextes gibt. Wer sich auf die Lehre mit Fällen einlässt, geht keinen unauflöslichen Pakt mit dem rationalen Entscheidungsmodell ein.

4. Case Teaching: Alter Wein in neuen Schläuchen?

Die Idee eines fallbasierten Unterrichts ist im deutschen Kontext durchaus nicht neu. Für den Unterricht in der Sekundarstufe I und II ist das „Fallprinzip" eine gängige Empfehlung der Politikdidaktik. Als „Spielart des exemplarischen Prinzips" (Reinhardt 2009: 121) hat das Fallprinzip in Handreichungen für die Unterrichtsgestaltung einen festen Platz (Gagel 2000; Sander 2007). Mit Fällen ließen sich anhand eines konkreten Gegenstands, so die Grundannahme, Problem- und Handlungsorientierung sowie politisches Urteilsvermögen motivationswirksam und nicht bloß abstrakt entwickeln. Insbesondere Kurt Georg Fischer hat das Fallprinzip zum Eckpfeiler einer Einsichten vermittelnden Politikdidaktik erhoben (Fischer 1973, 1993). Doch Fischer selbst zieht eine klare Grenze zwischen der Ausrichtung einer auf die Schüler/-innen ausgerichtete Politischen Bildung und der universitären politikwissenschaftlichen Lehre:

> „Politische Bildung unterscheidet sich in Zielrichtung und Zielsetzung von den Aufgaben der Sozialwissenschaften" (Fischer 1973: 113).

Was die Politische Bildung im Hinblick auf Schüler erreichen wolle, sei „etwas anderes als die Ausbildung zum Soziologen oder Politologen" (ebd.).

Damit kann auch die gegenwärtige Situation charakterisiert werden. Trotz seines didaktischen Mehrwerts und der Möglichkeit, konzeptuelle Wissensnetze der Schüler/-innen anhand authentischer Fälle in realen politischen Kontexten aufzubauen und zu vertiefen, hat das Fallprinzip in der Sekundarstufe I und II über eine bloße Empfehlung hinaus noch keinen festen Stellenwert in der Unterrichtspraxis gefunden. Aber auch in der universitären Lehramtsausbildung hat sich das Case Teaching noch nicht etabliert. Das Desiderat an Fallbeispielen gilt es durch Intensivierung der Fallproduktion zu überwinden. Somit würde sich die universitäre Lehrpraxis verändern, mit Rückwirkungen auf die Unterrichtsgestaltung in der Sekundarstufe. Es darf erwartet werden, dass ein didaktisches Instrument im Schulunterricht kompetenter angewandt werden kann, wenn man dieses auch während der akademischen Ausbildung kennen gelernt und erprobt hat. Verwischt wird der Unterschied zwischen Politischer Bildung und sozialwissenschaftlicher Lehre dabei nicht. Im universitären Kontext werden Fälle rückgekoppelt an theoretische Materien eingesetzt – in der Schule steht die Kompetenzorientierung mit der Ausbildung konzeptueller Wissensnetze im Vordergrund (Klieme & Hartig 2007), die anschlussfähig sein sollen, z.B. für universitäre Theoriemodelle, aber auch für die politische Alltagswelt der Schüler/-innen.

Literatur

Becker, H. (2011): Hessische Verhältnisse - Die gescheiterte Regierungsbildung von Andrea Ypsilanti. http://regierungsforschung.de/data/091111_regierungsforschung.de_becker_case_ypsilanti.pdf

Boehrer, J. (1995): How to Teach a Case, Case Program Kennedy School of Government, Harvard University, Boston.

Breit, G. (2006): Gut gemeint ist nicht gut gemacht! Verstärkt Politik als Inhalt des Politikunterrichts Politikverdrossenheit? *Politische Bildung*, 4, S.47-65.

Cusimano, M. K. (2000): Case Teaching Without Cases, in: Jeffrey S. Lantis/Lynn M. Kuzma/John Boehrer (Hrsg.), *The New International Studies Classroom. Active Teaching, Active Learning*, Boulder, p. 77-92.

Fischer, K. G. (1973): Einführung in die Politische Bildung. Ein Studienbuch über den Diskussions- und Problemstand der Politischen Bildung in der Gegenwart, Stuttgart (3. Aufl.).

Fischer, K. G. (1993): Das Exemplarische im Politikunterricht. Beiträge zu einer Theorie politischer Bildung, Schwalbach/Ts.

Gagel, W. (2000): Einführung in die Didaktik des politischen Unterrichts. Ein Studienbuch, Opladen (2. Aufl.).

Geertz, C. (1983): Dichte Beschreibung. Beiträge zum Verstehen kultureller Systeme, Frankfurt a. M.

Gentile, M. C. (1990): Twenty-Five Questions to Ask As You Begin Develop a New Case Study, Harvard Business School, Harvard University, Boston.

Geuting, M. (1992): Planspiel und soziale Simulation im Bildungsbereich, Frankfurt a. M.

Golich, V. L. (2000): The ABCs of Case Teaching, *International Studies Perspectives* 1 (1), 11-29.

Golich, V. L., Boyer, M., Franko, P. & Lamy, S. (2000): The ABC of Case Teaching, Pew Case Studies in International Affairs, Institute for the Study of Diplomacy, Georgetown University, Washington D. C.

Hay, C. (2011): Ideas and the Construction of Interests, in: D. Béland & R. H. Cox (Hrsg.), *Ideas and Politics in Social Science Research*, Oxford, p. 65-82.

Heath, J. (2002): Teaching and Writing Case Studies. A Practical Guide, Bedford.

Kennedy, D. M. & Scott, E. (1985): Preparing Cases in Public Policy, Kennedy School of Government, Harvard University, Boston.

Kim, S. et al. (2006): A Conceptual Framework for Developing Teaching Cases, In *Medical Education* 40 (9), 867-876.

Klieme, E. & Hartig, J. (2007): Kompetenzkonzepte in den Sozialwissenschaften und im erziehungswissenschaftlichen Diskurs, In M. Prenzel, I. Gogolin & H.-H. Krüger (Hrsg.), Kompetenzdiagnostik, *Zeitschrift für Erziehungswissenschaft* Sonderheft (8), 11-29.

Kolb, D. A. (1984): Experiential Learning. Experience as the Source of Learning and Development, Englewood Cliffs.

Lundberg, K. (1992): The Treuhandanstalt. Taking a Nation Private, Case Program Kennedy School of Government, Harvard University, Boston.

Lynn, L. E., 1999: Teaching and Learning with Cases. A Guidebook, New York u. a.

Payerhin, M. (2003): Have Case, Will Travel. Taking Political Science on and off the Road, *Political Science and Politics* 36 (3), 441-445.

Reinhardt, S. (2009): Politik-Didaktik. Praxishandbuch für die Sekundarstufe I und II, Berlin (3. Aufl.).

Roberts, M. J. (2001): Developing a Teaching Case, Harvard Business School, Harvard University, Boston.

Sander, W. (2007): Handbuch politische Bildung, Bonn (2. Aufl.).

Taylor, A. J. (1994): Teaching Politics Panoramically. American Government and the Case Method, *Political Science and Politics* 27 (3), 535-537.

Wiegand, S. & Blätte, A. (2011): Zwischen allen Stühlen? Politikmanagement in Zeiten des Klimawandels. http://regierungsforschung.de/data/161111_regierungsforschung.de_wiegand_bltte_politikmanagement_klimawandel.pdf

Yemen, G. (2006): On Writing Cases well, Darden Business Publishing, University of Virginia.

Zimmermann, P. B. (1985): Case Development and Teaching. Communicating the Results, Kennedy School of Government. Harvard University, Boston.

II Praxisbeispiele für den Politik-/SoWi-Unterricht

Die Fachkonzepte Gemeinwohl und Nachhaltigkeit in politischen Fallbeispielen zu „Umwelt“ aufdecken

Sabine Manzel

Kompetenzorientiertes Unterrichten wird seit der Einführung von Bildungsstandards und der Diskussion um domänenspezifische Basis und Fachkonzepten in allen Fächern angestrebt. In der Politikdidaktik finden sich bisher kaum konkrete Unterrichtsplanungen, die die aktuelle Diskussion um Basis- und Fachkonzepte widerspiegeln. Basiskonzepte (key concepts) sind zentrale Prinzipien einer Domäne und repräsentieren die Grundvorstellungen eines Faches (vgl. auch Artikel von Manzel im Teil I dieses Bandes). Politische Fachkonzepte differenzieren die Basiskonzepte weiter aus, wobei die Zuordnung zu einem Basiskonzept nicht eindeutig ist und häufig Überschneidungen zu anderen Basiskonzepten auftreten. Dabei gründet die Auswahl der grundlegenden Konzepte in politikwissenschaftlichen Theorien, kultusministerialen Vorgaben und realem politischen Handeln auf unterschiedlichen Ebenen (kommunal, national, europäisch, global).

Es gilt zu betonen, dass diese Basis- und Fachkonzepte selbst nicht unterrichtet werden. Theoretisch sieht das Modell von Weißeno et al. (2009) vor, dass Konzepte am Ende einer Schulstufe erreicht werden, somit ist in einzelnen Unterrichtsstunden auch nicht zwingend immer ein Fachkonzept bei den Schüler/-innen evaluierbar, sondern sind eher Wege zu einem kumulativen Konzeptaufbau sichtbar. Fachkonzepte selbst können auch nicht unterrichtet werden, wendet man konsequent die Ergebnisse der Lernforschung an: Konzepte entstehen und erweitern sich in den Köpfen der Schüler/-innen selbständig und konstruktiv, die Lehrkraft kann nur dazu beitragen, dass Lernende die Möglichkeit erhalten, diese Konzepte mit Fachbegriffen aufzubauen und zu vertiefen. Wie der Unterricht strukturiert sein muss, welche Aufgabenstellungen Schüler/-innen in der Auseinandersetzung mit politischen Ereignissen und Problemstellungen kognitiv aktivieren und ihnen zu einem konzeptuellen Wissensaufbau verhelfen, ist aber weitgehend unbekannt. Eine Fokussierung auf Fachinhalte wird immer noch gerne mit dem Vorwurf einer lehrerzentrierten Instruktion oder Institutionenkunde verknüpft (Sander). Dennoch geht es gerade nicht um Auswendiglernen von Fakten, wenngleich diese für eine Begriffsklarheit Voraussetzung sind, sondern um einen systematischen und nachhaltigen Wissensaufbau bei den Schüler/-innen. Dass die

Erweiterung oder Veränderung der eigenen Wissensnetze von den Schüler/-innen Selbständigkeit und eigenaktives Problemlösen erfordert, wurde bereits mit dem Modell des Cognitive-Apprenticeship vorgestellt (vgl. Manzel in diesem Band).

Basiskonzepte unterstützen nicht nur die Lernenden beim Wissenserwerb, sondern bieten gleichzeitig Strukturierungshilfen für Lehrkräfte an. Bei der Planung von Unterricht mit dem Ziel des Kompetenzzuwachses und einem kumulativen Wissenserwerb entscheidet die Lehrkraft zuerst darüber, welches konzeptuelle Wissen mit welchen politischen Fachinhalten in der jeweiligen Stunde aktiviert, systematisch aufgebaut und vertieft werden soll, und trifft danach die übrigen Planungsentscheidungen wie Auswahl des Materials, der Methoden, Sozialformen und des Medieneinsatzes. Dabei ist stets das Ziel das wichtigste Selektionskriterium. Ist z.B. in einem aktuellen Zeitungsartikel der Bezug zur Lebenswelt der Schüler/-innen thematisiert, so kann die Lehrkraft diesen nur einsetzen, wenn gleichzeitig die anvisierten Fachkonzepte mit Hilfe des Materials zur Sprache kommen und aufgebaut werden können. Ein Artikel über das „Koma-Saufen bei 13jährigen Jugendlichen" ist nur dann ein geeignetes Material, wenn in der Unterrichtsstunde keine Erfahrungen ausgetauscht werden und Ratschläge im Sinne von Lebenshilfe gegeben werden, sondern fachliche Bezüge hergestellt werden zu Politik (z.B. Jugendschutzgesetz, Gesundheitssystem), Gesellschaft und Wirtschaft (z.B. wirtschaftliche Ausfälle und deren Kosten für Unternehmen, aber auch Profit mit Rauschmitteln, materielle und soziale Kosten der Drogenhilfe für den Staat und die Gesellschaft). Zusätzlich ist es wichtig bei Planungsentscheidungen, dass Schüler/-innen neue Begriffe und Relationen aus dem bereitgestellten oder selbst recherchierten Material mit bereits bekannten Fachbegriffen in Verbindung bringen können. Nur so ist eine konzeptuelle Vernetzung möglich.

„Umwelt" wird in allen Jahrgangsstufen in NRW im Politik/Wirtschaft-Unterricht der Sek. I, aber auch in der Oberstufe (Sek. II) in Sozialwissenschaftskursen unterrichtet. Zuordnen lässt sich der Themenkomplex dem Fachkonzept „Nachhaltigkeit", was zu dem Basiskonzept „Gemeinwohl" gehört. Beim Gemeinwohl stehen Ziele und Werte einer Gemeinschaft im Fokus, wobei es je nach politischer Ebene unterschiedliche Vorstellungen, insbesondere zum „internationalen" Gemeinwohl gibt. Aushandlungsprozesse sind daher unumgänglich, wobei das Basiskonzept „Entscheidung" und die darin eingebetteten Fachkonzepte „Interesse" und „Macht" einen klaren Bezug zu Gemeinwohl aufweisen. Gerade das Beispiel der Internationalen Klimakonferenzen zeigt diese Vernetzung von Basis- und Fachkonzepten deutlich. Die oftmals divergierenden Interessen der politischen und wirtschaftlichen Akteure lassen sich zurückführen auf die unterschiedlichen Auffassungen von Nachhaltigkeit. Die Vertreter/-innen der starken Nachhaltigkeit betrachtet natürliche Ressourcen als eigenen Wert, den es unabhängig von Produktionsbedingungen zu erhalten gilt. Die Vertreter/-innen der schwachen Nachhaltigkeit dagegen setzen auf Effizienz in der Produktion und sehen die Natur als Rohstofflieferantin, die im Falle einer Ressourcenerschöpfung durch andere Kapitalarten ersetzt werden kann. Ebenso gegenüber stehen sich entlang dieser Positionen die Anhänger/-innen der Suffizienz und Effizienz. Umweltverträgliches Wirtschaften bedeutet für die effizienzorientierte Position eine Verringerung des Rohstoffeinsatzes bei gleichbleibender Produktivität sowie technische Innovationen, um Ressourcen einzusparen, Lebensqualität aber im gleichen Maße wie bisher zu erhalten (green economy), wohingegen die Suffizienzorientierten die umweltzerstörende Konsumgesellschaft und ihre permanente Güterproduktion kritisch infrage stellt und für einen Wertewandel von Energiesparen bis hin zu Konsumverzicht plädiert.

Wie kann das Lehren und Lernen mit Hilfe von Basis- und Fachkonzepten konkret ausgestaltet werden? Fünf Schritte in der Planung von Unterricht sind dabei leitend:

1. Anknüpfen an Präkonzepten der Lernenden
2. Aktives Erwerben von deklarativem und prozeduralem Wissen (kognitive Prozesse des Kennen, Anwenden, Verstehen)
3. Strukturierungen nach Wichtigkeit oder Wirksamkeit einzelner Kriterien (Werte) und Erhöhung von Komplexität (z.B. Argumentations- und Urteilsniveaus, vgl. Hostenbach et al. 2011)
4. Wiederholen erarbeiteter Fachbegriffe in verschiedenen Kontexten bzw. Themen
5. Vertiefung, Vernetzung & zunehmende Strukturierung sowie Komplexität des Wissens zum Aufbau von konzeptuellem Wissen

Ggf. kann zur Evaluation der bisherigen Konzepte der Lernenden ein Test oder eine andere Form der Überprüfung am Ende der Unterrichteinheit erfolgen. Dies bildet die Ausgangsbasis für eine individuelle Diagnose der Schüler/-innen-Konzepte, an die in weiteren Unterrichtsvorhaben angeknüpft werden muss (Helmke, 2012). Diese fünf Schritte sollen exemplarisch in einer mehrstündigen Unterrichtseinheit zum Thema „Nachhaltige Entwicklung – Einschränkung von Freiheit und Wohlstand oder Chance für Wachstum und Gerechtigkeit?“ umgesetzt werden. Dieser Unterrichtseinheit müssen Kenntnisse zum Entstehen des Treibhausgases CO^2 sowie den Folgen des Klimawandels auf geothermische Umweltprozesse (z.B. Überschwemmungen, Hurrikans, Dürreperioden, Temperaturanstieg des Meereswassers) aus den Fächern Chemie oder Biologie zugrunde liegen. Schulbücher sind dazu in der Regel mit Bild- und Informationsmaterial gut ausgestattet, auch in Politikbüchern finden sich Kapitel mit Bildern, Grafiken und Texten dazu, z.B. für die 9. Klasse (Mattes) oder für die 7-9 Klasse (Floren). Ein interdisziplinäres Arbeiten über Schulfächer hinaus bietet sich hier besonders an. Unter dem Aspekt der gesellschaftlichen Auswirkungen und humanitären Veränderungen können diese Grundkenntnisse auch in einer politischen Reihe vorab behandelt werden. Entsprechendes Bildungsmaterial für Schüler/-innen und Lehrkräfte zum Klimaschutz und zur Klimapolitik findet sich z.B. auf der Homepage des Bundesumweltministeriums sowie ein Lexikon mit weiteren Fachbegriffen und Informationsmaterialien unter http://www.nachhaltigkeit.info. Das Stundenraster geht von einem 65min-Zeitmodell aus.

Stunde 1: Nachhaltigkeit – was steckt hinter dem Begriff? Akteure, Interessen und Werte unter der Lupe

Phase (Zeit)	Unterrichtsschritte plus didaktischer Kommentar	Medien/ Material	Arbeits-und Sozialform
Einstieg (10 min)	Mindmapping zur Abfrage von Pre-Konzepten zum Begriff „nachhaltige Entwicklung"	Tafel für Mind-Map	Plenum
Erarbeitung (aktives Erwerben) (20 min)	Begriffsklärung „Nachhaltigkeit" und „nachhaltige Entwicklung" anhand von Zitaten, Akteurspositionen, deren Interessen, Zielsetzungen und Werte herausarbeiten	Zitate und Rio-Grundsätze (M1a, M1b) auf Arbeitsblättern (ABs) und OHP-Folie	EA, PA (arbeitsteilig und binnendifferenziert)
Ergebnissicherung (Strukturierung) (20 min)	Vorstellung der arbeitsteiligen Ergebnisse und Festhalten auf OHP-Folie durch SuS, Vernetzung mit Mind-Map, L. unterstützt mit Fachbegriffen	ABs, Tafel, OHP	SuS-Präsentationen, evtl. Ergänzungen der Parallelgruppen
Problematisierung (15 min)	erster Problemaufriss im Klassengespräch: Wo gibt es konfligierende Interessen, welche Probleme entstehen zwischen den Akteuren und ihren Zielen?		Plenum
Hausaufgabe	Recherche und schriftliche Ausarbeitung: „Suche in der Zeitung oder im Internet nach weiteren Argumenten der Positionen, die auf deinem Arbeitsblatt dargelegt werden. Welchen Zielen würdest du dich anschließen und warum? Begründe schriftlich deine Position."	Haushefte	EA

Stunde 2: Nachhaltige Entwicklung –Wirtschaft kontra Umweltschutz oder was nützt es der Natur, wenn Unternehmen „grün" werden?

Phase (Zeit)	Unterrichtsschritte plus didaktischer Kommentar	Medien/ Material	Arbeits-und Sozialform
Einstieg (Vertiefung) (10 min)	SuS: Austausch der Hausaufgaben und Formulierung von Stichpunkten der jeweiligen zentralen Aussagen/Begriffe auf Moderationswolken (oder anderen großen Blättern) Aufhängen der Wolken im gesamten Klassenraum	Haushefte, Wolken, Klebeband/Tesa	EA
Reflexion (Vernetzung) und Problematisierung (15-20 min)	Gallery Walk: SuS suchen sich drei Wolken-Aussagen aus und markieren mit Klebepunkten ihre Zustimmung (grün) oder Ablehnung (rot) L thematisiert die Positionen, die am häufigsten mit rot/grün beklebt wurden, unterstützt die SuS dabei, Strukturen aufzudecken und Werte zu diesen Argumenten zuzuordnen. Dabei können „Werte-Brillen" eingesetzt werden, um verschiedene Perspektiven einzunehmen und einen Interessens- und Wertekonflikt sichtbar zu machen	Klebepunkte rot und grün, „Werte-Brillen"(z.B. Freiheit, Effizienz, Gerechtigkeit, Solidarität) siehe M 6	Gallery-Walk und Plenum
Erarbeitung und Wiederholung an Fallbeispiel (25 min)	SuS lesen eigenständig und arbeitsteilig den Artikel aus der FAZ zum neuen RWE-Braunkohlekraftwerk in NRW und zu den Vereinbarungen bzgl. CO2-Ausstoß im Kyoto-Protokoll, tauschen sich paarweise über die Inhalte aus und wenden dabei bereits in Std. 1 erlernte Fachbegriffe an	Texte: M2 „Das Kyoto-Protokoll" und M3 „Die Kohlen im Feuer"	EA und PA (Think Pair)
Vertiefung und Komplexitätserhöhung (15 min)	Ein SuS oder der L. moderiert das Plenumsgespräch über die widerstreitenden Aussagen beider Texte, der genannten Akteure, ihren Interessen und Nachhaltigkeitsvorstellungen. Dabei wenden SuS gelernte Fachbegriffe an und vertiefen ihre konzeptuellen Wissensnetze, sie bewerten die Positionen unter Bezugnahme auf Werte differenzierter als in Std. 1 und erhöhen die Komplexität ihrer Argumente für oder wider die genannten politischen Akteure		Plenum (Share)
Hausaufgabe	Concept Map erstellen zu bisher erarbeiteten Wissensstrukturen „Erstelle auf einem Din A3 Blatt eine Concept Map zum Thema „Nachhaltige Entwicklung: Wirtschaft versus Umwelt oder CO2-Produzenten versus Klimaschutzziele des Kyoto-Protokolls?" Du kannst gerne auch Bilder und Grafiken zur Illustration beifügen.	Zusätzliche Internetrecherchen oder Lexika-Einbezug, Plakate	EA

Stunde 3: Nachhaltige Entwicklung – Grüne Zukunftsmärkte oder Abschied vom Wohlstand zugunsten der Umwelt?

Phase (Zeit)	Unterrichtsschritte plus didaktischer Kommentar	Medien/ Material	Arbeits-und Sozialform
Einstieg (Wiederholung und Vertiefung) (15 min)	Concept Maps werden an 4er Tischen von den SuS miteinander verglichen, falls die SuS die Verknüpfung zu den Fachkonzepten Regierung, Parteien und Macht sowie parteipolitischen Handlungslogiken nicht hergestellt haben, unterstützt die Lehrkraft diese Relationsebenen. Jede SuS-Gruppe ist aufgefordert, einen zusammenfassenden Satz, eine Problemstellung oder Argumentationssicht auf OHP-Folie zu schreiben, in dem/der sich die erarbeiteten Fachbegriffe widerspiegeln.	Haushefte, OHP-Folie, Folienstifte	GA (share)
Erarbeitungsphase (zunehmende Strukturierung sowie Komplexität) (30 min)	SuS erarbeiten in ihren Tischgruppen zwei Positionen zu Wirtschaft & Umwelt. Sie ergänzen ihre OHP-Folie um neue Argumentationsansätze, vollziehen Perspektivwechsel und hinterfragen eindeutige Antworten und Lösungen bzgl. des zugespitzten Widerspruchs Wirtschaft versus Umwelt	M4, M5	Arbeitsteilige GA (pair share)
Ergebnissicherung und vertiefende Reflexion (20 min)	OHP-Präsentationen und vergleichende Wertung → hier besteht die Möglichkeit, in einer späteren Stunde an Parteilogiken und machtpolitische Auseinandersetzungen zu einem anderen Thema (z.B. Betreuungsgeld oder Zuschussrente) anzuknüpfen, um die Komplexität der Vernetzung im konzeptuellen Wissensaufbau der SuS zu ermöglichen und ihr Wissen anwendungsfähig zu machen	OHP-Folien	Plenum

Die Stunden 4 und 5 bieten sich nun für eine handlungsorientierte Vertiefung der Lerninhalte zur Ausbildung von Fachkonzepten an. Eine simulierte Klimakonferenz „Weltweiter Klimaschutz – eine Utopie oder der umsetzbare Wille aller Staaten?“ oder eine Pro-Kontra-Debatte zur Handlungsfähigkeit der EU in Bezug auf die Verringerung von CO^2-Emmissionen gibt den Schüler/-innen die Möglichkeit, das Gelernte zu elaborieren. Die Lehr-Lernpsychologie hat nachgewiesen, dass die Elaboration zum Aufbau von Konzepten beiträgt und träges Wissen verhindert (vgl. Manzel, 2008). Durch das selbständige Erstellen von Rollenkarten strukturieren die Lernenden ihre Wissensnetze neu, und indem sie stellvertretend in Akteursrollen schlüpfen, erfolgt eine komplexe kognitive und habituelle Aktivierung. Eine abschließende Reflexion – sowohl methodisch als auch inhaltlich – kann durch den Vergleich mit der Mindmap der ersten Stunde nicht nur den Lernprozess der Schüler/-innen transparent machen, sondern auch aufzeigen, welche konzeptuellen Netze angebahnt wurden und woran weitergearbeitet werden soll. Dabei sind die Lernenden stets individuell zu betrachten, Lerntagebücher stellen hilfreiche Instrumente der eigenen Wissensdiagnose dar. In den weiteren Stunden kann man je nach Interesse der Schüler/-innen oder der eigenen Unterrichtsplanung anknüpfen an aktuellen Fallbeispielen wie Strompreiserhöhungen durch das Erneuerbare-Energie-Gesetz: „Ökostrom – nur für ‚reiche' Bürger/-innen bezahlbar?", oder „Emissionshandel: Acht Euro für eine Tonne Kohlendioxid" (Buhse, 2012) oder „Airbus-Minister warnen vor Handelskrieg wegen Emissionshandel" (dpa, 2012). Eine volkswirtschaftliche Unterrichtseinheit dazu hat der Wirtschaftsdidaktiker Seeber (2007) aufgelegt.

Aber auch das Verbraucherhandeln kann am Beispiel von E10, dem EU-Glühbirnenverbot oder den Erhöhungen der Preise für Nah- und Fernverkehr problematisiert werden.

Literatur

Buhse, Malte (2012). Der schmutzige Emissionshandel. In ZEIT, http://www.zeit.de/wirtschaft/2012-09/emissionshandel-umwelt (04.09.2012).

Bundesumweltministeriums (Hrsg.) (2008). Wer rettet die Welt? Klimaschutz und Klimapolitik in Deutschland und weltweit. pdf unter http://www.bmu.de/ bildungsservice/bildungsmaterialien_sek_i/ii/fuer_lehrer/doc/41730.php

Burger, R. (2012). Die Kohlen im Feuer. In FAZ, 19.09.2012, S.4

dpa (Hrsg.) (2012). Airbus-Minister warnen vor Handelskrieg wegen Emissionshandel. In Focus Money Online, http://www.focus.de/finanzen/news/wirtschaftsticker/roundup-airbus-minister-warnen-vor-handelskrieg-wegen-emissionshandel_aid_817477.html (11.09.2012)

Floren, F.J, u.a. (Hrsg.) (2008). Politik/Wirtschaft. Arbeitsbuch 7/8: Paderborn: Schöningh.

Helmke, A. (2012). Unterrichtsqualität und Unterrichtsdiagnostik. Vortrag auf der Tagung „Schülerforschung, Lehrerforschung – Theorie und Empirie" der GPJE in Dresden, 20. Juni 2012.

Hostenbach, J., u.a. (2011). Modellierung der Bewertungskompetenz in den Naturwissenschaften zur Evaluation der Nationalen Bildungsstandards. In ZfDN, 17, 261-288.

Manzel, S. (2008). Wissensvermittlung und Problemorientierung im Politikunterricht. Lehr-Lern-Forschung - Eine anwendungsorientierte Einführung. Schwalbach/Ts.: Wochenschau.

Mattes, W., u.a. (Hrsg.) (2011). Team 3. Arbeitsbuch für Politik und Wirtschaft, Kap. 9. Paderborn: Schöningh.

Seeber, G. (2007). Klimaschutz in Europa: Emissionshandel im Spannungsfeld von Ökologie, Ökonomie und Politik. In D&E Didaktisch-methodisches Zusatzmaterial Heft 54 – Von der Wirtschafts- zur Sozialunion (http://www.deutschlandundeuropa.de/54_07/Seeber_Heft_54.pdf)

Weißeno, G. & Detjen, J. & Juchler, I. & Massing, P. & Richter, D. (Hrsg.) (2009). Konzepte der Politik: Ein Kompetenzmodell. Schwalbach/Ts., S.179-183.

Material

Stunde 1

Arbeitsaufträge Gruppe A

1. Vergleiche die drei Zitate und unterstreiche die genannten Akteure (Personen/Gruppen/Institutionen), ihre Interessen und Ziele.
2. Überlege, welche Werte (z.B. Freiheit, Gleichheit, Gerechtigkeit…) hinter den jeweiligen Akteuren und ihren Zielen stehen könnten.
3. Tausche dich mit deinem/r Nachbarn/-in aus und füllt gemeinsam die Tabelle aus.

Z1: „Der Staat schützt auch in Verantwortung für die künftigen Generationen die natürlichen Lebensgrundlagen ..." (Grundgesetz, Art. 20 a)

Z2: „Die Staaten werden wirksame Umweltgesetze verabschieden. Umweltnormen sowie Bewirtschaftungsziele und -prioritäten sollten dem Umwelt- und Entwicklungskontext entsprechen, für den sie gelten. Normen, die in einigen Ländern Anwendung finden, können in anderen Ländern, insbesondere in Entwicklungsländern, unangemessen sein und zu nicht vertretbaren wirtschaftlichen und sozialen Kosten führen". (Grundsatz 11 aus der Erklärung von Rio, Konferenz der UN für Umwelt und Entwicklung, 1992)

Z3: „Ich war neulich bei einer Podiumsdiskussion zum Thema Fischerei, an der der Umweltminister Schleswig-Holsteins, der Vorsitzender des SH-Fischereiverbandes, ein Wissenschaftler vom Helmholtz-Institut Kiel sowie ein Vertreter der Fischereiindustrie teilgenommen haben. Dabei habe ich gemerkt, dass jeder eine andere Vorstellung von nachhaltig etc. hatte. Die Fischereiindustrie denkt ja auch sie handeln ‚nachhaltig'. Da jede ‚Partei' andere Vorstellungen von nachhaltig hat und jeder andere wissenschaftliche Untersuchungen zum Thema heranzieht, die kontrovers sind, ist es gar nicht so einfach zu sagen: ‚Setzen Sie sich für strenge und nachhaltige Fischereigesetze ein!' Das kann allesmögliche bedeuten" (Sarah, 15.09.2012, http://www.wwf-jugend.de/durchstarten/aktionen/werde-teil-des-schwarms)

Tabelle Gruppe A und B

	Akteure	Interessen / Ziele	Werte
Zitat 1			
Zitat 2			
Zitat 3			

Welchen Zielen würdest du dich anschließen und warum? Begründe kurz deine Position.

Arbeitsaufträge Gruppe B

1. Vergleiche die drei Zitate und unterstreiche die genannten Akteure (Personen/Gruppen/Institutionen), ihre Interessen und Ziele.
2. Überlege, welche Werte (z.B. Freiheit, Gleichheit, Gerechtigkeit…) hinter den jeweiligen Akteuren und ihren Zielen stehen könnten.
3. Tausche dich mit deinem/r Nachbarn/-in aus und füllt gemeinsam die Tabelle aus.

Z4: "Sustainable development is development that meets the needs of the present without compromising the ability of future generations to meet their own needs. It contains within it two key concepts: a) the concept of 'needs', in particular the essential needs of the world's poor, to which overriding priority should be given b) the idea of limitations imposed by the state of technology and social organization on the environment's ability to meet present and future needs." (UN-Kommission für Umwelt und Entwicklung, 1987, auch bekannt als Brundtland-Report, http://www.un-documents.net/wced-ocf.htm)

Z5: „Dem Prinzip der Nachhaltigkeit fühle ich mich in besonderer Weise verpflichtet. […] Dazu gehören nachhaltige Staatsfinanzierung und nachhaltige Organisation der Sozialversicherung, aber eben auch nachhaltige Ressourcennutzung und nachhaltige Energieversorgung […] Eine große und moderne Volkswirtschaft – wie die deutsche – kann auf Dauer nur florieren, wenn sie umwelt- und ressourcenschonend arbeitet. Umgekehrt kann ambitionierter Umweltschutz nur gelingen, wenn auch Wirtschaft und Unternehmen dafür gewonnen werden und wenn der Standort Deutschland dadurch im Ergebnis gestärkt und nicht geschwächt wird. Als Umweltminister liegt mir der Erhalt möglichst vieler Standorte, Arbeitsplätze und geschlossener Wertschöpfungsketten am Herzen. Umweltpolitik „mit Augenmaß" bedeutet für mich auch, dass bevorzugt schonende Wege der Umsetzung zu wählen sind und dass den Beteiligten ausreichend Zeit zur Anpassung und Umstellung zur Verfügung stehen muss". (Peter Altmaier, 10-Punkte-Programm, 16.08.2012 http://www.bmu.de/files/pdfs/allgemein/application/pdf/10_punkte_programm_bf.pdf)

Z6: „Mit der App „Get neutral" sich seinen CO2-Konsum bewusst und den Konsum klimaneutral zu machen? Das ist echt ein interessantes Thema. Ich für meinen Teil stehe solchen Aktionen allerdings immer sehr skeptisch gegenüber. Das scheint mir irgendwie ähnlich wie dieser Emissionshandel, der - für mein Empfinden - nur Augenwischerei ist. Von der Idee her zwar klasse, Umsetzung allerdings katastrophal... Was genau macht man denn eigentlich? Statt den CO2-Verbrauch zu reduzieren, schiebt man das CO2 doch eigentlich nur jemand anderem zu. Der zahlt zwar (angeblich) einen Ausgleich dafür, aber löst man so auf lange Sicht wirklich das Problem?" (SandyZ, 11.07.12, http://www.wwf-jugend.de/leben/fair-kaufen/get-neutral-co-freier-konsum)

Arbeitsaufträge Gruppe C

1. Erarbeite die Grundsätze der Rio-Erklärung und unterstreiche die genannten Akteure (Personen/Gruppen/ Institutionen), ihre Interessen und Ziele.
2. Überlege, welche Werte (z.B. Freiheit, Gleichheit, Gerechtigkeit…) hinter den jeweiligen Akteuren und ihren Zielen stehen könnten.
3. Tausche dich mit deinem/r Nachbarn/-in aus und füllt gemeinsam die Tabelle aus.

M1a
Auszug aus der Erklärung von Rio, Konferenz der UN für Umwelt und Entwicklung, 1992

Grundsatz 1: Die Menschen stehen im Mittelpunkt der Bemühungen um eine nachhaltige Entwicklung. Sie haben das Recht auf ein gesundes und produktives Leben im Einklang mit der Natur.

Grundsatz 2: Die Staaten haben im Einklang mit der Charta der Vereinten Nationen und den Grundsätzen des Völkerrechts das souveräne Recht, ihre eigenen Ressourcen entsprechend ihrer eigenen Umwelt- und Entwicklungspolitik auszubeuten, und haben die Verantwortung, dafür Sorge zu tragen, dass Tätigkeiten unter ihrer Hoheitsgewalt oder Kontrolle der Umwelt anderer Staaten oder Gebiete jenseits der Grenzen des Bereichs nationaler Hoheitsbefugnisse keinen Schaden zufügen.

Grundsatz 5: Alle Staaten und alle Menschen müssen bei der grundlegenden Aufgabe, als unverzichtbare Voraussetzung für die nachhaltige Entwicklung die Armut zu beseitigen, zusammenarbeiten, um Ungleichheiten im Lebensstandard zu verringern und den Bedürfnissen der Mehrheit der Menschen in der Welt besser gerecht zu werden.

Grundsatz 6: Erhöhter Vorrang gebührt der besonderen Situation und den besonderen Bedürfnissen der Entwicklungsländer, vor allem der am wenigsten entwickelten Länder und der Länder, die im Hinblick auf die Umwelt am meisten gefährdet sind. Internationale Maßnahmen im Bereich Umwelt und Entwicklung sollten außerdem auf die Interessen und Bedürfnisse aller Länder gerichtet sein.

Grundsatz 8: Um nachhaltige Entwicklung und eine höhere Lebensqualität für alle Menschen herbeizuführen, sollten die Staaten nicht nachhaltige Produktionsweisen und Konsumgewohnheiten abbauen und beseitigen und eine geeignete Bevölkerungspolitik fördern.

Quelle: Report of the United Nations Conference on the Human Environment, Stockholm, 5 -16 June 1972 (Veröffentlichung der Vereinten Nationen, Best.-Nr. E.73.II.A.14 und Corrigendum), Kapitel I."

Arbeitsaufträge Gruppe D

1. Erarbeite die Grundsätze der Rio-Erklärung und unterstreiche die genannten Akteure (Personen/Gruppen/Institutionen), ihre Interessen und Ziele.
2. Überlege, welche Werte (z.B. Freiheit, Gleichheit, Gerechtigkeit…) hinter den jeweiligen Akteuren und ihren Zielen stehen könnten.
3. Tausche dich mit deinem/r Nachbarn/-in aus und füllt gemeinsam die Tabelle aus.

M1b
Auszug aus der Erklärung von Rio, Konferenz der UN für Umwelt und Entwicklung, 1992

Grundsatz 10: Umweltfragen sind am besten auf entsprechender Ebene unter Beteiligung aller betroffenen Bürger zu behandeln. Auf nationaler Ebene erhält jeder Einzelne angemessenen Zugang zu den im Besitz öffentlicher Stellen befindlichen Informationen über die Umwelt, einschließlich Informationen über Gefahrstoffe und gefährliche Tätigkeiten in ihren Gemeinden, sowie die Gelegenheit zur Teilhabe an Entscheidungsprozessen. Die Staaten erleichtern und fördern die öffentliche Bewusstseinsbildung und die Beteiligung der Öffentlichkeit, indem sie Informationen in großem Umfang verfügbar machen. Wirksamer Zugang zu Gerichts- und Verwaltungsverfahren, so auch zu Abhilfe und Wiedergutmachung, wird gewährt.

Grundsatz 11: Die Staaten werden wirksame Umweltgesetze verabschieden. Umweltnormen sowie Bewirtschaftungsziele und -prioritäten sollten dem Umwelt- und Entwicklungskontext entsprechen, für den sie gelten. Normen, die in einigen Ländern Anwendung finden, können in anderen Ländern, insbesondere in Entwicklungsländern, unangemessen sein und zu nicht vertretbaren wirtschaftlichen und sozialen Kosten führen.

Grundsatz 12: Die Staaten sollten gemeinsam daran arbeiten, ein stützendes und offenes Weltwirtschaftssystem zu fördern, das in allen Ländern zu Wirtschaftswachstum und nachhaltiger Entwicklung führt und es gestattet, besser gegen die Probleme der Umweltverschlechterung vorzugehen. Umweltbezogene handelspolitische Maßnahmen sollten weder ein Mittel willkürlicher oder ungerechtfertigter Diskriminierung noch eine verdeckte Beschränkung des internationalen Handels darstellen. Einseitige Maßnahmen zur Bewältigung von Umweltproblemen außerhalb des Hoheitsbereichs des Einfuhrlands sollten vermieden werden. Maßnahmen zur Bewältigung grenzüberschreitender oder weltweiter Umweltprobleme sollten soweit möglich auf internationalem Konsens beruhen.

Grundsatz 21: Die Kreativität, die Ideale und der Mut der Jugend der Welt sollten mobilisiert werden, um eine weltweite Partnerschaft zu schaffen und so eine nachhaltige Entwicklung herbeizuführen und eine bessere Zukunft für alle zu sichern.

Grundsatz 25: Frieden, Entwicklung und Umweltschutz bedingen einander und sind unteilbar.

Quelle: Report of the United Nations Conference on the Human Environment, Stockholm, 5-16 June 1972 (Veröffentlichung der Vereinten Nationen, Best.-Nr. E.73.II.A.14 und Corrigendum), Kapitel I."

Tabelle Gruppe C und D

	Akteure	Interessen / Ziele	Werte
Grundsätze der Erklärung von Rio			
Welchen Zielen würdest du dich anschließen und warum? Begründe kurz deine Position.			

Stunde 2

Arbeitsaufträge Gruppe 1

1. Erkläre mit eigenen Worten anhand von M2, was mit dem Kyoto-Protokoll in Bezug auf den Klimaschutz geleistet werden soll.
2. Untersuche die Probleme, die es bei der Umsetzung von verbindlichen Klimaschutzzielen gibt. Nutze dabei das Lexikon und die Begleitmaterialien auf deinem Tisch, auch um die *-Wörter zu klären.
3. Überlege dir mit deinem Partner/deiner Partnerin, aus welchen Gründen USA und China dem Abkommen nicht beigetreten sind.
4. Wie bewertest du die Reduktionsvorgaben laut Tabelle?

M2
„Das Kyoto-Protokoll"

Einen Meilenstein zum Klimaschutz sollte in Kyoto ein internationaler Vertrag zur Senkung der Treibhausgase darstellen. Das am 11.12.1997 unterzeichnete Kyoto-Protokoll enthält erstmals rechtsverbindliche Begrenzungs- und Verringerungsverpflichtungen für die Industrieländer. Das Protokoll sollte in Kraft treten, sobald mindestens 55 Staaten, die zusammengerechnet mehr als 55 % der CO2-Emissionen des Jahres 1990 verursachten, das Abkommen ratifiziert* haben. An der zweiten Bedingung scheiterte lange Zeit das Inkrafttreten, da große Emittenten* (Treibhausgasproduzenten) die Ratifizierung verweigerten, so etwa die USA seit dem Amtsantritt des republikanischen Präsidenten George W. Bush im Jahr 2000. Erst nach Ratifizierung durch die russische Duma* am 5.11.2004 konnte das Kyoto-Protokoll endlich am 16.2.2005 in Kraft treten. Die beiden größten Treibhausgasproduzenten China und USA blieben bei dieser Einigung jedoch außen vor, da die USA das Kyoto-Protokoll nie ratifiziert hatten und China laut diesem als Schwellenland gilt, welches vom Protokoll ausgenommen ist. Auf der UN-Klimakonferenz in Durban 2011 einigten sich die Vertragsstaaten darauf eine Fortführung des Protokolls auf dem nächsten Klimagipfel 2012 in Katar zu erarbeiten. Kanada gab jedoch kurz nach Ende des Klimagipfels in Durban seinen Austritt aus dem Kyoto-Protokoll bekannt. Somit würde das Nachfolgeprotokoll nur noch von der Europäischen Union und einigen weiteren Industriestaaten (insgesamt 37) unterzeichnet werden, die insgesamt nur 15% des weltweiten CO2-Ausstoßes verursachen. Die größten CO2-Produzenten und großen Schwellenländer blieben also weiter außen vor.

Im Kyoto-Protokoll verpflichten sich Industriestaaten der Welt dazu, ihre gesamten Emissionen an Treibhausgasen bis 2012 um 5,2% Prozent gegenüber dem Jahr 1990 zu senken. Entwicklungsländer und Schwellenstaaten dagegen mussten sich zu nichts verpflichten. Als Basis für die ausgehandelte Reduktionsverpflichtung diente der 1995 vom wissenschaftlichen Forum der

Klimakonferenz geschätzte Wert einer Temperaturerhöhung zwischen 1°C und 3,5°C bis zum Jahr 2100. Für einzelne Länder sind spezifische Vorgaben vorgesehen. Die Reduktionsziele der wichtigsten Ländergruppen sind: EU 8 Prozent, USA 7 Prozent, Japan 6 Prozent, Kanada 6 Prozent. Für die EU-15 sind wiederum unterschiedliche Ziele vereinbart worden, wobei einige Mitgliedsstaaten ihre Emissionen sogar noch steigern dürfen, vgl. die folgende Tabelle.

EU-Mitglied (EU-15)	Reduktionsvorgabe	EU-Mitglied (EU-15)	Reduktionsvorgabe
Luxemburg	-28%	Finnland	0%
Dänemark	-21%	Frankreich	0%
Deutschland	-21%	Schweden	4%
Österreich	-13%	Irland	13%
Großbritannien	-12,5%	Spanien	15%
Belgien	-7,5%	Griechenland	25%
Italien	-6,5%	Portugal	27%
Niederlande	-6%		

Deutschland verursachte im Jahr 1990 den Ausstoß von insgesamt 1.251.723 Millionen Tonnen Treibhausgasen, das meiste davon CO2. Im Jahr 2002 hat sich diese Menge auf 991.421 Millionen Tonnen verringert. Damit ist Deutschland schon ein ordentliches Stück auf dem Weg zum Klimaziel vorangekommen.

Quelle: Aachener Stiftung Kathy Beys (Hrsg.): Lexikon der Nachhaltigkeit: Kyoto Protokoll unter http://www.nachhaltigkeit.info/artikel/kyoto_protokoll_1108.htm (abgerufen am 07.09.2012)

Arbeitsaufträge Gruppe 2

1. Arbeite heraus, welchen „alten“ Konflikt das neue Braunkohlekraftwerk in NRW erneut hervorruft. Untersuche dabei die beteiligten Akteure, ihre Interessen und Werte.
2. Erstelle mit deinem Partner/deiner Partnerin ein Schaubild, in dem deutlich wird, welche Auswirkungen landespolitische Ereignisse auf die Bundespolitik haben können. Achte dabei insbesondere auf die genannten Parteien.
3. Macht euch in eurer 4er-Gruppe noch einmal bewusst, welchen Anspruch z.B. das Kyoto-Protokoll in Bezug auf den CO^2-Ausstoß hat und beurteilt die Inbetriebnahme des neuen RWE-Kraftwerks in Grevenbroich-Neurath.
4. Wie könnte eurer Meinung nach die Energiewende vorangetrieben werden/aussehen?

M3 Die Kohlen im Feuer

Eine geeignete Quelle ist:

Reiner Burger, Die Kohlen im Feuer, FAZ, 19.09.2012, S. 4
http://www.faz.net/aktuell/politik/inland/neues-kraftwerk-in-nrw-die-kohlen-im-feuer-11895020.html (abgerufen am 25.4.2013)

Stunde 3

Arbeitsaufträge Gruppe 1

1. Stelle die Ergebnisse der Studie zum Umwelteinfluss einzelner Länder aus M4a dar.
2. Ziehe mit deinem Partner/deiner Partnerin daraus Schlüsse, was dies wirtschaftlich und gesellschaftlich für Entwicklungsländer bedeuten könnte.
3. Beschreibe, was mit „Green Economy" gemeint ist und verdeutliche dies an Beispielen der in M4b genannten sechs Zukunftsmärkte.
4. Diskutiere in deiner Gruppe, welchen Beitrag die Politik (national, europäisch, international), die Wirtschaft und Gesellschaft für eine nachhaltige Entwicklung leisten kann.

M4a
„Studie: Wohlstand zerstört Umwelt"

Brasilien, die USA und China sind die weltweit größten Umweltsünder auf dieser Welt. Auf den Plätzen vier und fünf folgen Indonesien und Japan. Für eine Studie zum Umwelteinfluss von 179 Ländern untersuchten Wissenschaftler aus den USA, Singapur und Australien die Abholzungsrate, den Verlust von Lebensraum und die Überfischung der Meere. Weitere verwendete Indikatoren waren der Einsatz von Düngemitteln, die Wasserverschmutzung, der Artenverlust und die Kohlendioxidemissionen der einzelnen Länder. Der Studie mit dem Titel „Evaluating the Relative Environmental Impact of Countries" zufolge ist die Umweltbelastung eines Landes umso größer, je reicher das Land ist. Auch ein steigendes Bevölkerungswachstum schadet der Umwelt.

Entsprechend dieser Ergebnisse finden sich arme Länder Schwarzafrikas, darunter die Zentralafrikanische Republik, Swasiland und Niger, unter den zehn Ländern, die die Umwelt global gesehen am wenigsten negativ beeinflussen. Als einziger europäischer Staat ist Frankreich unter den 20 schlimmsten Umweltsündern zu finden (Platz 18). Deutschland schnitt nicht viel besser ab und landete auf Platz 29. Im mittleren Drittel befinden sich auf Rang 97 Österreich und auf Rang 116 die Schweiz. Zu den Staaten, die der Umwelt am wenigsten zusetzen, gehört Luxemburg. Der zweitkleinste Staat der Europäischen Union erreichte Platz 156.

Mit ihrer Studie widersprachen die Forscher der Universität Adelaide in Australien, der Nationalen Universität Singapurs sowie der Princeton-Universität in den USA bisherigen Annahmen, dass die Umwelt mit steigendem Wohlstand zwar höher belastet wird, dieser negative Einfluss ab einem gewissen Niveau an Wohlstand jedoch wieder sinkt.

Quelle: http://www.klimaretter.info/nachrichtensep/forschung-nachrichten/5829-studie-wohlstand-zerstoert-umwelt vom 11.05.2010 (abgerufen am 25.09.2012)

M4b
„Umweltbundesamt: Grüne Zukunftsmärkte"

„Green Economy" steht für ein energie- und ressourceneffizientes Wirtschaften. Damit soll weltweit eine nachhaltige Entwicklung initiiert werden, die Armut abbaut und ökologische Grenzen einhält. Einen wichtigen Schritt dazu bilden Investitionen in grüne Zukunftsmärkte. [...] Für Deutschland haben das Bundesumweltministerium und das Umweltbundesamt sechs grüne Leitmärkte identifiziert: umweltfreundliche Energieerzeugung, Energieeffizienz, Material- und Ressourceneffizienz, nachhaltige Mobilität und Wasserwirtschaft sowie Abfall- und Kreislaufwirtschaft. Für Europa zeigt die „Roadmap to a Ressource Efficient Europe" Meilensteine für den Umbau zu einer energie- und ressourceneffizienten Wirtschaft. [...] EU-Umweltkommissar Janez Potočnik: „Gemeinsam mit den Mitgliedstaaten, mit der Wirtschaft und der Zivilgesellschaft müssen wir die Voraussetzungen schaffen, unter denen sich unsere Wirtschaft in den nächsten Jahren grundlegend verändern kann. Wir müssen die richtigen Marktsignale senden, umweltschädigende Beihilfen abschaffen und die Nachhaltigkeit bei Produktion und Konsum fördern." Wichtig sei es, die Ressourceneffizienz in allen Politikfeldern im Kopf zu haben - von der Abfallwirtschaft bis hin zu Forschung und Innovation, Energie oder Verkehr. Nicht zuletzt trägt eine echte Green Economy dazu bei, die absolute Armut in den Entwicklungsländern zu verringern. Dazu hat das UN-Umweltprogramm mit der Green Economy-Initiative 2008 mehrere Vorschläge unterbreitet. Der Generalsekretär der UN-Wirtschaftskommission für Europa (UNECE) Ján Kubiš: „Investitionen in das Naturkapital – Wasser, Böden, Ökosysteme – sind somit nicht nur ein wichtiger Beitrag zum globalen Klimaschutz und zur Erhaltung der Biodiversität, sondern auch Investition in die Überlebensfähigkeit von Milliarden von Menschen."

Quelle: Umweltbundesamt, Presseinformation 045/2011 (Green Markets: Investitionen in eine zukunftsfähige wirtschaftliche Entwicklung)

Arbeitsaufträge Gruppe 2

1. Erläutere die Aussagen und Inhalte der Grafik M5a.
2. Überlege, welche Maßnahmen die Politik ergreifen könnte, um den Klimaschutz weiter voranzutreiben.

M5a

M5b Forscher fordern strengere Klimapolitik

Eine geeignete Quelle ist:

Forscher fordern strengere Klimapolitik, Die Zeit, 21.02.2011
http://www.zeit.de/wirtschaft/2011-02/klima-wachstum (abgerufen am 25.9.2012)

M6
„Wertebrillen“

Politisch-ökonomische Unterrichtsplanung am Beispiel Mindestlohn

Dorothee Gronostay

Der vorliegende Praxisbeitrag bietet Anregungen zur politisch-ökonomischen Unterrichtsplanung am Beispiel der Kontroverse um die Einführung eines gesetzlichen Mindestlohns in Deutschland. „Gesetzlicher Mindestlohn – Jobkiller oder Ausweg aus prekärer Beschäftigung?" – so lautet das Thema der hier vorgestellten politischen Talkshow zum Einsatz im Politikunterricht der Sekundarstufe I an Gymnasien/Gesamtschulen.

Mit der Neufassung des Arbeitnehmer-Entsendegesetzes im Jahr 2009 wurden sukzessiv verbindliche Mindestlöhne in einzelnen Branchen eingeführt (Baubranche, Sicherheitsdienstleistungen, Gebäudereinigung etc.), einen einheitlichen gesetzlichen Mindestlohn gibt es in Deutschland bislang aber nicht. Auch wenn die Mindestlohn-Thematik vor allem den Bundestagswahlkampf 2009 prägte und in letzter Zeit etwas in den Hintergrund der öffentlichen Berichterstattung gerückt ist, bleibt die Grundproblematik aktuell: laut einer kürzlich erschienenen Studie des Instituts für Arbeit und Qualifikation der Universität Duisburg-Essen arbeitete im Jahr 2010 fast jeder vierte Beschäftigte für einen Niedriglohn von unter 9,15€ (IAQ-Report 01/2012).

Die integrative und vernetzte Behandlung politischer, ökonomischer (und gesellschaftlicher) Sachverhalte im Politikunterricht ist in den curricularen Vorgaben (EPA Sozialkunde/Politik 2005, Kernlehrplan Politik/Wirtschaft für die Sekundarstufe I (G8, 2007)) vorgesehen und lässt sich fachdidaktisch insbesondere mit der starken Interdependenzbeziehung der Realitätsbereiche begründen:

So unterscheidet Detjen (2007: 36f.) im Wesentlichen vier Abhängigkeitsbeziehungen zwischen Politik und Ökonomie: ökonomische Prozesse und Ergebnisse als Voraussetzung für politische Handlungsspielräume/Gestaltungsmöglichkeiten, Auswirkungen ökonomischer Prozesse auf die Stabilität von Regierung und Staat, Entscheidungen der Politik zur Wirtschaftsordnung und zur politischen Gestaltung der Wirtschaftsprozesse sowie viertens das enge Verhältnis von politischer und wirtschaftlicher Ordnung (Affinität der Demokratie zur Marktwirtschaft und der Autokratie zur Zentralverwaltungswirtschaft). Neben der gegenseitigen Bedingtheit erweist sich nach Detjen (a.a.O.) aber auch die Differenz zwischen beiden Realitätsbereichen – im Sinne einer multiperspektivischen Zugangsweise – als fruchtbar für den Politikunterricht.

Tabelle 1: Politische Dimensionen der Mindestlohn-Thematik

POLICY-DIMENSION	POLITICS-DIMENSION	POLITY-DIMENSION
Probleme: Zunahme prekärer Arbeitsformen („Niedriglöhner", „Aufstocker-Problematik") Abnehmende Tarifbindung (sog. „weiße Flecken" in der Tariflandschaft) Verschärfter internationaler Wettbewerb zwischen Arbeitnehmer/-innen (EU-Arbeitnehmerfreizügigkeit, Verlagerung von Produktionsstätten in Billiglohnländer) Zukünftig: Gefahr zunehmender Altersarmut, da niedrige Löhne zu geringen Rentenansprüchen führen Lösungsmöglichkeiten: Allgemeinverbindlichkeitserklärung des Bundesarbeitsministers/der -arbeitsministerin Tarifliche Mindestlöhne Gesetzliche Mindestlöhne Branchenübergreifende/branchenspezifische Mindestlöhne Kombilohnmodelle Bedingungsloses Grundeinkommen Begründungsmöglichkeiten (politisch, ökonomisch, gesellschaftlich)	Zentrale politische Akteure: Gewerkschaften (Ver.di, DGB, IG Metall…) Arbeitgeberverbände (Bundesvereinigung der Deutschen Arbeitgeberverbände, Arbeitgeberverband Gesamtmetall …) Bundesministerium für Arbeit und Soziales (Bundesregierung) Bundestag und Bundesrat (Gesetzgebung im Bereich Arbeitsmarkt) Parteien Wirtschaftsforschungsinstitute Politische Prozesse: Tarifverhandlungen Arbeitskämpfe Parteipolitische Polarisierungen Verabschiedung arbeitsmarktpolitischer Gesetze Initiativen von Wirtschaftsforschungsinstituten (z.B. Petersburger Erklärung vom 12.03.2008)	Nationale Rahmenbedingungen: Verfassungsrechtlich verbürgte Tarifautonomie (Artikel 9 Absatz 3 Grundgesetz) Allgemeinverbindlichkeitserklärung des Bundesministeriums für Arbeit und Soziales nach §5 Tarifvertragsgesetz (TVG) Arbeitnehmer-Entsendegesetz (AEntG) vom 20.04.2009 (zunehmende Ausweitung auf weitere Branchen) Mindestarbeitsbedingungengesetz (MiArbG) vom 11.01.1952, zuletzt geändert am 22.04.2009 Arbeitsmarktreformen, insbesondere Hartz IV Sittenwidrige Löhne (§138 BGB, diverse Gerichtsurteile, z.B. Urteil des LAG Hamm v. 18.03.2009) Internationale Rahmenbedingungen: Mindestlöhne in 20 der 27 EU-Staaten Grundfreiheiten des EU-Binnenmarkts: Arbeitnehmerfreizügigkeit und Dienstleistungsfreiheit in der EU seit 01.05.2011

Ein Grundproblem politisch-ökonomischen Unterrichtsplanung besteht nun aber darin, dass trotz der Forderung nach einer vernetzten Behandlung politischer und ökonomischer Unterrichtsinhalte ein Mangel an integrativen Theorien und entsprechenden Planungsmodulen zur Unterrichtsvorbereitung vorliegt: „[...] eine systematische Konzeption sozialwissenschaftlicher Bildung, die ökonomische und politische Allgemeinbildung umfasst, ohne ihre Unterschiede aufzuheben, fehlt bis heute" (Hedtke 2005: 20).

Im Zuge der Kompetenzorientierung soll sich die Unterrichtsplanung an domänenspezifischen Basis- und Fachkonzepten orientieren, nach denen der Unterricht im Sinne kumulativen Lernens gestaltet wird. Auch hier existiert entsprechend der Grundproblematik und in Folge der je eigenständigen wissenschaftlichen Bezugsdisziplinen des Unterrichtsfachs kein integratives Modell von Basis- und Fachkonzepten.

Aus politikdidaktischer Perspektive können Sachanalyse und politikdidaktische Perspektive anhand der Basis- und Fachkonzepte nach Weißeno et al. (2010: 12) bestimmt werden (vgl. Beitrag Goll S. 13ff.). Die Konzepte repräsentieren die Kompetenzdimension Fachwissen bezogen auf das Fach Politik und sollen nach Aussage der Autoren nicht direkt unterrichtet, sondern anhand konkreter Unterrichtsthemen in unterschiedlichen Kontexten konzeptualisiert werden (Weißeno 2010: 13). Grundsätzlich lassen sich zu jedem Thema mit politischer Relevanz Bezüge zu (fast) allen Fachkonzepten herstellen, jedoch eignen sich dabei je nach Kontext einzelne Fachkonzepte mehr und andere weniger.

Im vorliegenden Unterrichtsbeispiel sollen insbesondere die drei Fachkonzepte „Interessengruppen", „Markt" und „Gerechtigkeit" vertieft werden (wobei natürlich auch andere Schwerpunktsetzungen möglich wären). Im Einzelnen: *1) „Interessengruppen" (Basiskonzept „Entscheidung"):* die Hauptbetroffenen einer potentiellen Einführung von gesetzlichen Mindestlöhnen sind Arbeitnehmer/-innen und Arbeitgeber/-innen, wobei für beide Seiten eine organisierte Interessensvertretung in Form der Gewerkschaften und Arbeitgeberverbände existiert. Beide Seiten bringen sich in den regelmäßig anstehenden Tarifverhandlungen sowie bezüglich der möglichen Einführung eines gesetzlichen Mindestlohns immer wieder in die öffentliche Debatte ein (Interessenartikulation). Hier wird auch der enge Bezug des Fachkonzepts „Interessengruppen" zu den Konzepten „Konflikt" und „Öffentlichkeit" deutlich, welche alle dem Basiskonzept „Entscheidung" zugeordnet sind. *2) „Markt" (Basiskonzept „Ordnung"):* Die Arbeitskraft der Arbeitnehmer/-innen stellt eine Dienstleistung dar, welche auf dem (Arbeits-)Markt gehandelt wird. Dabei stehen sich die Interessen der Arbeitnehmer/-innen und der Arbeitgeber/-innen diametral entgegen: für die Arbeitnehmer/-innen stellt der Arbeitslohn in der Regel die wichtigste Einkommensquelle und Ausdruck der Wertschätzung ihrer Arbeitsleistung dar; für die Arbeitgeber/-innen bedeuten die Löhne der Angestellten in erster Linie Kosten, welche sich negativ auf den Gewinn sowie unter Umständen auch auf die Wettbewerbsfähigkeit des Unternehmens auswirken. *3) „Gerechtigkeit“ (Basiskonzept „Gemeinwohl“):* das Problem prekärer Beschäftigung, insbesondere im Fall der sog. „Aufstocker“, welche trotz Vollzeitbeschäftigung ihren Lebensunterhalt nicht selbst bestreiten können und daher auf ergänzende staatliche Transferzahlungen angewiesen sind, rückt Fragen der (strukturellen) Gerechtigkeit in den Fokus. Hier sind insbesondere die Leistungs-, Verteilungs- und Bedarfsgerechtigkeit von Bedeutung (siehe M7). Da im Falle von Löhnen unterhalb der Armutsgrenze die sozialen Sicherungssysteme in Deutschland greifen, besteht inhaltlich ein enger Bezug zu dem Fachkonzept „Sozialstaat“.

Die ökonomische Perspektive kann anhand eines Modells des amerikanischen Joint Council on Economic Education (heute: National Council on Economic Education) vertieft werden, welches von dem deutschen Wirtschaftspädagogen K. Beck (2000) aufgegriffen wurde. Das Modell besteht aus 22 Kernkonzepten, welche sich in fundamentale, Mikro- und Makrokonzepte sowie Konzepte zu internationalen Beziehungen aufteilen.

Abbildung 1: Ökonomische Basiskonzepte

Fundamentalkonzepte Knappheit Opportunitätskosten und »trade offs« Produktivität Marktwirtschaft Institutionen und Leistungsanreize Tausch, Geld und wechselseitige Abhängigkeit	**Mikroökonomische Konzepte** Märkte und Preise Angebot und Nachfrage Wettbewerb und Marktstruktur Einkommensverteilung Marktversager Rolle des Staates
Makroökonomische Konzepte Bruttosozialprodukt Gesamtangebot Arbeitslosigkeit Inflation und Deflation Geldpolitik Finanzpolitik	**Konzepte zu int. Beziehungen** Absoluter und komparativer Kostenvorteil sowie Handelskenntnisse Zahlungsbilanz und Wechselkurse Internationale Aspekte von Wachstum und Stabilität

Quelle: Weißeno, G. (2006): Kernkonzepte der Politik und Ökonomie. S. 134

Die Mindestlohn-Thematik bietet zahlreiche Anknüpfungsmöglichkeiten in Bezug auf die 22 ökonomischen Basiskonzepte: im Bereich „Marktwirtschaft“ und/oder „Märkte und Preise“ kann die Preisbildung (Lohnbildung) auf dem Arbeitsmarkt mit und ohne staatliche Regulierung verglichen werden. Insbesondere die im neoklassischen Modell angenommene Wirkung eines gesetzlichen Mindestlohns als Preisuntergrenze für den Produktionsfaktor Arbeit lässt sich mit dem Konzept „Arbeitslosigkeit“ verbinden. Weitere thematische Schwerpunkte könnten der Zusammenhang zwischen Arbeitslosigkeit und Nominallöhnen (Phillipskurve) oder komparative Kostenvorteile im internationalen Wettbewerb in Bezug auf den Faktor Arbeit darstellen. Hier wird der Schwerpunkt vor allem auf zwei mikroökonomische Konzepte gelegt werden, welche gute Anknüpfungsmöglichkeiten zu den ausgewählten Fachkonzepten der Politik bieten: „Einkommensverteilung“ und die „Rolle des Staates“.

Im Einzelnen: *1) „Einkommensverteilung“ (Mikroökonomie)*: vor dem Hintergrund einer zunehmenden Lohnspreizung in Deutschland (vgl. Vierter Armuts- und Reichtumsbericht, 2012: VIII) sowie der politischen Kontroverse um den Niedriglohnsektor kann die Einkommensverteilung beispielsweise anhand der aktuellen Lohn- und Gewinnquote thematisiert werden. Auch hier werden die divergierenden Interessen von Arbeitnehmer/-innen und Arbeitgeber/-innen deutlich. *2) „Rolle des Staates“ (Mikroökonomie):* Die Festlegung eines gesetzlichen Mindestlohns stellt einen Eingriff in die verfassungsrechtlich verbürgte Tarifautonomie dar und definiert einen Mindestpreis für Arbeit. Staatliche Eingriffe auf dem Arbeitsmarkt stehen in engem Zusammenhang mit verschiedenen Gerechtigkeitskonzeptionen und Interessenskonflikten der Arbeitsmarktakteure.

Aufgrund der Komplexität der Thematik sollte das vorliegende Unterrichtsbeispiel idealerweise im Anschluss an eine thematisch verwandte Unterrichtsreihe erfolgen. Inhaltlich sind Vorkenntnisse der Schüler/-innen hinsichtlich der Tarifpartner und des Ablaufs von Tarifverhandlungen sowie Grundlagen der Sozialen Marktwirtschaft vonnöten.

Verlaufsskizze: Erste Doppelstunde (alternativ einzuteilen in zwei Einzelstunden)

Phase (Zeit)	Unterrichtsschritte plus didaktischer Kommentar	Medien/ Material	Arbeits-und Sozialform
Einstieg (10 Min.)	Vorführung 3-Min. Sequenz der ARD-TV-Reportage „Arm trotz Arbeit“* (M1), spontane Stellungnahme der Schüler/-innen, Aktivierung von Vorwissen	M1, Laptop oder PC mit Internetverbindung*	Plenum
Erarbeitung I (20 Min.)	Einführung wichtiger Grundbegriffe (Mindestlohn, Tarifautonomie etc.), Zielkonflikt zwischen Arbeitnehmer-/innen- und Arbeitgeber/-innen-Interessen	M2-M4	Einzel- oder Partnerarbeit
Ergebnissicherung I (15 Min.)	Zusammentragen der Ergebnisse der Einzel-/ Partnerarbeit	-	Plenum
Erarbeitung II (10 Min.)	Arbeitsteilige Erarbeitung: Ausmaß des Niedriglohnsektors, (Haupt-)Betroffene, Merkmale prekärer Beschäftigung	M5-M6	Arbeitsteilig
Ergebnissicherung II (15 Min.)	Präsentation der Ergebnisse der Schülerarbeitsphase	-	Plenum

Anbahnung d. Urteilsbildung/ Transfer (15 Min.)	Welche Haltungen bzgl. der Einführung eines gesetzlichen Mindestlohns resultieren aus den verschiedenen Gerechtigkeitskonzeptionen? Danach: Erstes Meinungsbild (Abstimmen)	M7	Plenum
Hausaufgabe (5 Min.)	Recherche: „Recherchiert im Internet, welche Position reale Vertreter/-innen eurer „Rollen" (Gewerkschaften, Arbeitgeberverbände etc.) zur Mindestlohn-Thematik vertreten."; Gruppeneinteilung, Ausgabe der Rollenkarten	Rollenkarten M8-M13, Internet, Zeitungen etc.	Einzelarbeit

***alternativ kann das Fallbeispiel der TV-Reportage auch in Textform auf dem OHP präsentiert werden (siehe M1)**

Verlaufsskizze: Zweite Doppelstunde (alternativ einzuteilen in zwei Einzelstunden)

Phase (Zeit)	**Unterrichtsschritte plus didaktischer Kommentar**	**Medien/ Material**	**Arbeits-und Sozialform**
Einstieg (5 Min.)	Gruppeneinteilung, Besprechung des Vorgehens	-	Plenum
Erarbeitung I (30 Min.)	Vorbereitung auf die rollenbasierte Talkshow, die Gruppen ergänzen neue Argumente aus ihrer Recherche (Hausaufgabe)	Hausaufgabe, Rollenkarten M8-M13	Gruppenarbeit
Sicherung I (20 Min.)	Durchführung der rollenbasierten Talkshow	Ggf. Beobachtungsbögen	Plenum
Ergebnis-sicherung (15 Min.)	Rollenausstieg, inhaltliche und methodische Auswertung des Talkshow	-	Plenum
Transfer (20 Min.)	Erneutes Meinungsbild zum Streitthema, Urteilsbildung zur Mindestlohn-Thematik	-	Plenum

Die politische Talkshow „Gesetzlicher Mindestlohn – Jobkiller oder Ausweg aus prekärer Beschäftigung?“ kann in der Sekundarstufe I im Laufe von vier Unterrichtsstunden durchgeführt werden. Bei der Talkshow handelt es sich um eine handlungsorientierte und schüleraktive Methode, mit der ein kontroverses und für Schüler/-innen vielleicht zunächst abstraktes Thema wie das des Mindestlohns auf lebendige Art und Weise von verschiedenen Blickwinkeln aus beleuchtet werden kann. Die Talkshow steht jedoch auch im Verdacht – ähnlich einiger Polit-Talkshows im Fernsehen – sehr zur Personalisierung und Inszenierung/Effekthascherei zu neigen, so dass die inhaltliche Ebene in den Hintergrund rücken kann (Kuhn 2004: 114). Kuhn unterscheidet zwischen vier Grundformen der Fernseh-Talkshow: dem personenzentrierten „Promi-Talk“, dem „Themen-Talk“ zu einem aktuellen Thema, dem „Porträt-Talk“ als Einzelgespräch zwischen Moderator/-in und Gast sowie dem „Konfro-Talk“, bei dem es vor allem um hitzige und emotionale Streitgespräche geht (a.a.O.: 120).

Bei dem hier vorgestellten Unterrichtsbeispiel wird die Talkshow als Themen-Talk verstanden, bei dem zwar kontroverse und auch zugespitzte Positionierungen erwünscht und möglich sind, inhaltliche Argumentationen aber im Vordergrund stehen sollen. Die vorgesehenen „Gäste" bzw. Rollen der Talkshow sind entweder persönlich von der Streitfrage betroffen (Arbeitnehmer/-in im Niedriglohnbereich, Unternehmer/-in im Einzelhandel) oder politische Akteure von Relevanz für die Debatte (Bundesarbeitsminister/-in, Gewerkschaftsvertreter/-in, Vertreter/-in der Arbeitgeberverbände) (siehe M8-M13). Die Schüler/-innen müssen sich in die jeweilige Position ihrer Rolle hineindenken und deren Argumentation nachvollziehen. In der simulierten Talkshow werden sie wiederum mit anderen Standpunkten konfrontiert, wodurch eine multiperspektivische Zugangsweise sichergestellt wird.

Tabelle 2: Pro- und Contra-Argumente zum gesetzlichen Mindestlohn

Pro-Argumente	Contra-Argumente
Arbeitnehmer/-innen sollen von ihrem Gehalt leben können	Höhere Personalkosten führen zu Entlassungen oder zur Verlagerung von Arbeitsplätzen in das Ausland und damit zu Arbeitslosigkeit
Niedrige Gehälter führen zu niedrigen Renten im Alter (Gefahr von Altersarmut)	Illegale Anpassungsreaktionen, z.B. Zunahme der Schwarzarbeit
Mindestlöhne erhöhen die Binnennachfrage und damit die Produktion, schaffen neue/mehr Arbeit (Kaufkrafttheorie)	Mit den derzeitigen Hartz-IV-Sätzen existiert de facto eine Lohnuntergrenze
Gewerkschaften sind aufgrund zunehmenden Mitgliederschwunds nicht in der Lage, angemessene Löhne herbeizuführen	Unternehmen wälzen erhöhte Personalkosten durch einen Mindestlohn in Form erhöhter Preise auf die Verbraucher/-innen um
20 von 27 EU-Ländern haben bereits einen Mindestlohn eingeführt	Eingriff in die verfassungsrechtlich verbürgte Tarifautonomie
Lohnabstandsgebot: diejenigen, die arbeiten, sollen mehr verdienen als Empfänger von staatlichen Transferleistungen	Eine gesetzliche Festlegung von Mindestlöhnen kann in Wahlzeiten zu einem parteipolitischen „Überbietungswettkampf" führen

Je nach Vorwissen und inhaltlicher Schwerpunktsetzung der Lehrperson müssen die hier vorgestellten Unterrichtsbausteine ergänzt oder gekürzt werden: Zum Einstieg kann eine 3-Min. Sequenz der ARD-TV-Reportage „Arm trotz Arbeit" dienen (vgl. M1). Das Fallbeispiel eines „Aufstockers" fordert zur spontanen Meinungsäußerung, aber auch zum Anknüpfen an Vorkenntnisse der Schüler/-innen zur Thematik heraus. Im Anschluss werden in Einzel- oder Partnerarbeit textbasiert zentrale Begrifflichkeiten (Mindestlohn, Tarifautonomie etc.) erarbeitet. Hierzu kann als Orientierung der Fragenkatalog (siehe M4) genutzt werden, der auch die Entwicklung eigener Fragen der Schüler/-innen vorsieht. Als Textgrundlage werden die Bausteine M2 und M3 eingesetzt.

Nach dem Zusammentragen der Ergebnisse werden arbeitsteilig das Ausmaß des Niedriglohnsektors in Deutschland, der Personenkreis der (Haupt-)Betroffenen sowie Formen prekärer Beschäftigung erarbeitet (siehe M5-M6). Auch hiernach erfolgt zunächst die Ergebnissicherung. Dann schließt sich eine erste Phase zur Anbahnung der Urteilsbildung/des Transfers an: ausgehend von drei unterschiedlichen Gerechtigkeitskonzeptionen (M7) sollen die Schüler/-innen mögliche Haltungen bezüglich der Mindestlohn-Thematik entwickeln. Den Abschluss der ersten Doppelstunde bildet ein erstes Meinungsbild zur Streitfrage sowie die Hausaufgabe: „Recherchiert im Internet, welche Position reale Vertreter/-innen eurer „Rollen“ (Gewerkschaften, Arbeitgeberverbände etc.) zur Mindestlohn-Thematik vertreten.“ Die Gruppeneinteilung auf die jeweiligen Rollen der Talkshow muss daher am Ende der ersten Doppelstunde erfolgen. Während sich die Suche nach Positionen von Gewerkschaftsvertreter/-innen, Arbeitgebervertreter/-innen und Bundesarbeitsminister/-in aufgrund der Vielzahl öffentlicher Äußerungen einfach gestalten sollte, benötigen Schüler/-innen mit Rollen privater Akteure wie z.B. „Angestellte/-r im Niedriglohnbereich“ ggf. Hilfestellungen. Falls keine Materialien im Internet gefunden werden, kann das Interesse der jeweiligen Rolle auch anhand der bisher eingesetzten Unterrichtsmaterialien hergeleitet werden.

Die zweite Doppelstunde beginnt mit der Einteilung der Gruppen für die rollenbasierte Talkshow. Anhand der Rollenkarten, der Textmaterialien der letzten Unterrichtsstunde(n) sowie der Hausaufgaben-Recherche bereiten die Schüler/-innen ihre jeweiligen Rollen vor und überlegen sich Argumente. Alternativ oder zusätzlich kann die Vorbereitung der Talkshow auch mit Hilfe zweier Texte zum Thema „Brauchen wir einen Mindestlohn?“ auf Zeit-Online.de erfolgen.[1] Während der Simulation werden die zuschauenden Schüler/-innen ggf. durch Beobachtungsbögen eingebunden. Nach dem Rollenausstieg erfolgt, je nach methodischen Vorkenntnissen der Schüler/-innen eine methodische oder auch nur inhaltliche Reflexion. Im Anschluss wird erneut ein Meinungsbild zur Streitfrage eingeholt, das als Redeanlass für die weitergehende inhaltliche Reflexion dienen kann. In dieser Phase sollen die Schüler/-innen zu einem eigenen begründeten Urteil bezüglich der Streitfrage gelangen, womit die Unterrichtssequenz zum Abschluss kommt.

1 Bofinger, P. (2007): Brauchen wir einen Mindestlohn? Politiker und Ökonomen debattieren, ob der Staat allzu niedrige Stundenlöhne verbieten soll. Ein Pro von Peter Bofinger. Quelle: http://www.zeit.de/2007/14/ Mindestlohn-Pro; Schneider, H. (2007): Brauchen wir einen Mindestlohn? Politiker und Ökonomen debattieren, ob der Staat allzu niedrige Stundenlöhne verbieten soll. Ein Contra von Hilmar Schneider, Quelle: http://www.zeit.de/2007/14/Mindestlohn-Contra

Literatur

Beck, K. (2000): Wirtschaftskundliches Wissen und Denken – Zur Bestimmung und Erfassung ökonomischer Kompetenz. In: D. Euler, H.-C. Jongebloed & P. F. E. Sloane (Hrsg.): Sozialökonomische Theorie – sozialökonomisches Handeln. Konturen und Perspektiven der Wirtschafts- und Sozialpädagogik. Festschrift für Martin Twardy zum 60. Geburtstag, S. 211-229.

Detjen, J. & Kruber, K.-P. (2007): Politik und Wirtschaft: Fachdidaktische Einleitung. In: J. Althammer, U. Andersen, J. Detjen & K.-P. Kruber (Hrsg.): Handbuch ökonomisch-politische Bildung. Schwalbach/Ts.: Wochenschau, S. 19-41.

Hamburger Abendblatt, 13.04.2005, Quelle: http://www.abendblatt.de/politik/deutschland/article319433/Mindestlohn-ist-nicht-gleich-Mindestlohn.html [05.10.2012]

Hedtke, R. (2005): Gemeinsam und unterschieden. Zum Problem der Integration von politischer und ökonomischer Bildung. In: Kahsnitz, Dietmar (Hrsg.): Integration von politischer und ökonomischer Bildung? Wiesbaden: VS Verlag, S. 19-74.

Homann, A. et al. (2008): Des einen Lohn – des anderen Kosten. Arbeitnehmer und Arbeitgeber. In: A. Homann (Hrsg.): Anstöße 2. Politik/Wirtschaft. Stuttgart: Klett Verlag. S. 86.

Hradil, S. (2012): Soziale Gerechtigkeit. In: Bundeszentrale für politische Bildung (Hrsg.) http://www.bpb.de/politik/grundfragen/deutsche-verhaeltnisse-eine-sozialkunde/138445/soziale-gerechtigkeit?p=all [05.10.2012]

Kalina, T. & Weinkopf, C. (2012): Niedriglohnbeschäftigung 2010: Fast jede/r Vierte arbeitet für Niedriglohn. IAQ-Report, Nr. 01/2012. http://www.iaq.uni-due.de/iaq-report/2012/report2012-01.pdf [Zugriff: 26.09.2012].

Karp, T. (2012): Arm trotz Arbeit [TV-Reportage der ARD], http://www.ardmediathek.de/das-erste/reportage-dokumentation/exclusiv-im-ersten-arm-trotz-arbeit?documentId=10199776 [Zugriff: 18.09.2012]

Kuhn, H.-W. (2010): Die Talkshow. In: S. Frech, H.-W. Kuhn & P. Massing (Hrsg.): Methodentraining für den Politikunterricht. Schwalbach/Ts.: Wochenschau Verlag. S. 117-144.

Der Spiegel 31/2006, 31.07.2006, Quelle: http://www.spiegel.de/spiegel/print/d-48046151.html [05.10.2012]

Statistisches Bundesamt (2012): Pressemitteilung Nr. 308 v. 10.09.2012, Quelle: https://www.destatis.de/DE/PresseService/Presse/Pressemitteilungen/2012/09/PD12_308_62.html [05.10.2012]

Süddeutsche Zeitung, 14.03.2012, http://www.sueddeutsche.de/wirtschaft/studie-entfacht-neue-gerechtigkeitsdebatte-jeder-vierte-beschaeftigte-erhaelt-nur-niedriglohn-1.1308326 [Abrufdatum: 05.10.2012]

Weißeno, G. (2006): Kernkonzepte der Politik und Ökonomie - Lernen als Veränderung mentaler Modelle. In: ders. (Hrsg.): Politik und Wirtschaft unterrichten. Wiesbaden: VS Verlag. S. 120-141.

Weißeno, G. et al. (2010): Konzepte der Politik. Bonn: Bundeszentrale für politische Bildung.

Material

Thema: Gesetzlicher Mindestlohn – Jobkiller oder Ausweg aus prekärer Beschäftigung?

M1 Fallbeispiel „Arm trotz Arbeit"

Markus Boerhanudin sorgt für Ordnung und Sauberkeit in der Abflughalle. Obwohl er mindestens acht Stunden am Tag auf Achse ist, verdient der Gebäudereiniger weniger als einem arbeitslosen Hartz-IV-Empfänger zusteht. So wie ihm geht es vielen Geringverdienern in Deutschland. [...] Mit Überstunden verdient der Gebäudereiniger 1.100 € netto im Monat – zu wenig für Wohnung und Lebensunterhalt. Nur mit staatlicher Unterstützung kommt die dreiköpfige Familie über die Runden. „Von der boomenden Wirtschaft ist bei uns nichts angekommen" klagt Markus Boerhanudin. Und die Statistik gibt ihm Recht: die Gehälter im Niedriglohnsektor sind in den vergangenen zehn Jahren sogar um über zwanzig Prozent gesunken. „Das ist unmöglich. Ich mach' diesen Job wirklich gerne, das einzige, was einen nun ärgert ist, dass ich jeden Donnerstag praktisch immer zum Arbeitsamt rennen muss [...]". [...] Dass ein arbeitsloser Hartz-IV-Empfänger genauso viel bekommt wie er, ist für den Gebäudereiniger in Ordnung, „denn von weniger Geld kann man nicht leben", meint er. Aber dass es in Deutschland nicht möglich ist, allein von einer Vollzeitbeschäftigung zu leben, will ihm nicht in den Kopf.

Quelle: ARD-TV-Reportage v. Thomas Karp, 21.04.2012

Ein **Niedriglohn** liegt vor, wenn der Verdienst eines Beschäftigten kleiner als zwei Drittel des mittleren Verdienstes aller Beschäftigten ist. Die so für 2010 bestimmte Niedriglohngrenze lag bei 10,36 Euro Bruttostundenverdienst.

Quelle: Statistisches Bundesamt, 10.09.2012

Thema: Gesetzlicher Mindestlohn – Jobkiller oder Ausweg aus prekärer Beschäftigung?

M2 Des einen Lohn – des anderen Kosten

Eine geeignete Quelle ist:

Homann, A. et al. (2008). In: Ders. (Hrsg.): Anstöße 2. Politik/ Wirtschaft. S. 86.

Tarifautonomie ist dann gegeben, wenn der Staat sich aus den Verhandlungen der Tarifpartner heraushält.

Der **Flächentarif** regelt die Lohnhöhe für eine ganze Branche in einem großen Bereich (Fläche). Mehr als drei Viertel aller Arbeitsverhältnisse sind von tariflichen Vorgaben betroffen.

Der **BDA** ist die Bundesvereinigung der deutschen Arbeitgeberverbände, also eine Dachorganisation.

Gewerkschaften heißen die Zusammenschlüsse von Arbeitnehmern verschiedenster Wirtschaftszweige.

Thema: Gesetzlicher Mindestlohn – Jobkiller oder Ausweg aus prekärer Beschäftigung?

M3 Was ist ein Mindestlohn?

Ein Mindestlohn kann als verbindliche Lohnuntergrenze für Arbeitnehmer/-innen definiert werden. Konkret bedeutet dies, dass Arbeitgeber keine Löhne unterhalb des Mindestlohns zahlen dürfen.
Es gibt tarifliche und gesetzliche Mindestlöhne. Im ersten Fall wird die Höhe des Mindestlohns von den Tarifpartnern, also Arbeitgeber/-innen und Gewerkschaften einer Branche (z.B. Öffentlicher Dienst oder Einzelhandel) vereinbart. Diese Lohnuntergrenze gilt dann für alle tarifgebundenen Unternehmen der jeweiligen Branche. Gesetzliche Mindestlöhne werden nicht von den Tarifpartnern festgelegt, sondern von dem Gesetzgeber bestimmt. Solche Mindestlöhne gelten auch für die Arbeitnehmer/-innen nicht tarifgebundener Unternehmen.

Mindestlöhne in der EU

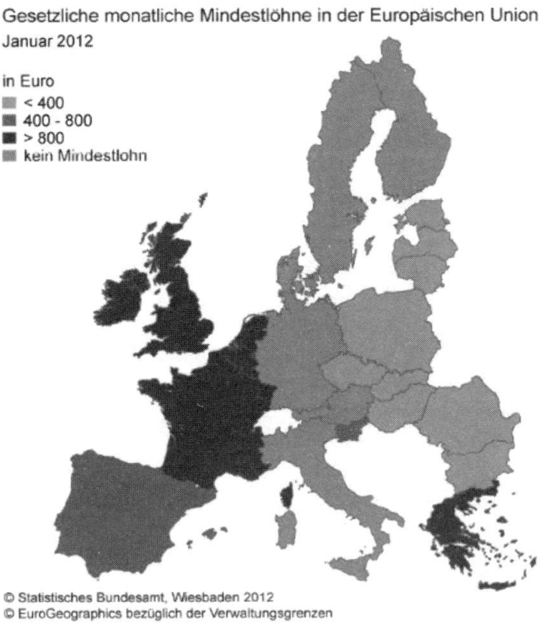

20 der 27 Länder der Europäischen Union hatten am 1. Januar 2012 einen branchenübergreifenden gesetzlichen Mindestlohn.

Thema: Gesetzlicher Mindestlohn – Jobkiller oder Ausweg aus prekärer Beschäftigung?

M 4 Fragen zum gesetzlichen Mindestlohn

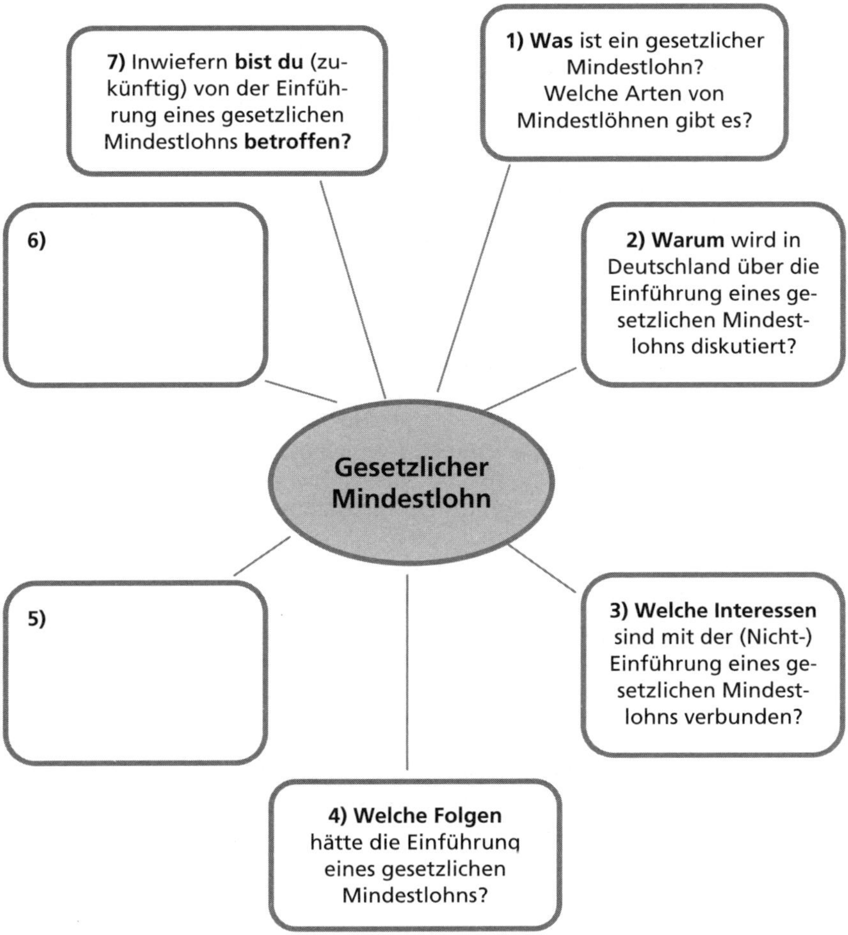

Arbeitsauftrag

1) Beantworte mit Hilfe der Materialien M1-M3 die Fragen zum gesetzlichen Mindestlohn.
2) Hast du eigene Fragen zu dem Thema gesetzlicher Mindestlohn? Notiere sie stichwortartig in den Kästchen 5) und 6).

Thema: Gesetzlicher Mindestlohn – Jobkiller oder Ausweg aus prekärer Beschäftigung?

M5 Atypische Beschäftigung

[…] Die meisten Beschäftigten, die 2010 einen Niedriglohn erhielten, waren atypisch beschäftigt. Zur atypischen Beschäftigung, teilweise auch als flexible Beschäftigungsformen bezeichnet, werden vier Erwerbsformen gezählt: Teilzeitbeschäftigung mit bis zu 20 Wochenarbeitsstunden, befristete Beschäftigung, Zeitarbeit und Mini-Jobs. Fast jeder zweite (49,8 %) atypisch Beschäftigte erhielt 2010 einen Verdienst unter der Niedriglohngrenze. Einen besonders hohen Niedriglohnanteil wiesen die geringfügig Beschäftigten mit 84,3 % auf. Bei Beschäftigten in Normalarbeitsverhältnissen lag der Anteil hingegen bei 10,8 %. Als Normalarbeitsverhältnis gilt eine unbefristete Beschäftigung mit über 20 Wochenarbeitsstunden, die nicht als geringfügige Beschäftigung und nicht als Zeitarbeit ausgeübt wird.
Niedriglohn hängt auch mit der Branche und der Tarifbindung in der Branche zusammen. Bei nicht tarifgebundenen Arbeitgebern erhielt fast ein Drittel der Beschäftigten einen Niedriglohn (31,0 %). Bei tarifgebundenen Arbeitgebern waren es mit 11,9 % deutlich weniger. Besonders hoch war 2010 der Anteil von Beschäftigten mit Niedriglohn bei Taxifahrer/-innen (87,0 %), Friseurinnen und Friseuren (85,6 %) und im Reinigungsgewerbe (81,5 %). Aber auch in Restaurants, Cafés und Gaststätten (77,3 %), in Wäschereien und chemischen Reinigungen (73,6 %) sowie in Kinos (73,5 %) gab es besonders viele Beschäftigte mit Niedriglohn. […]

Pressemitteilung Nr. 308 des Statistischen Bundesamtes, 10.09.2012

Fragen zum Text:

1) Was versteht man unter atypischer Beschäftigung?
2) Welcher Zusammenhang besteht zwischen atypischen Beschäftigungsverhältnissen und Niedriglöhnen?

Thema: Gesetzlicher Mindestlohn – Jobkiller oder Ausweg aus prekärer Beschäftigung?

M6 Jeder vierte Beschäftigte erhält nur Niedriglohn

Eine geeignete Quelle ist:

Thomas Öchsner, Jeder vierte Beschäftigte erhält nur Niedriglohn, Süddeutsche Zeitung, 14.03.2012, http://www.sueddeutsche.de/wirtschaft/studie-entfacht-neue-gerechtigkeitsdebatte-jeder-vierte-beschaeftigte-erhaelt-nur-niedriglohn-1.1308326 (abgerufen am 25.4.2013)

Arbeitsauftrag:

1) Beschreibe in eigenen Worten das Ausmaß der Beschäftigung im Niedriglohnbereich.
2) Laut der Studie des Instituts für Arbeit und Qualifikation würde jeder fünfte Beschäftigte von einem gesetzlichen Mindestlohn in Höhe von 8,50 € profitieren. Überlege, warum nicht alle Arbeitnehmer/-innen hiervon profitieren.

Thema: Gesetzlicher Mindestlohn – Jobkiller oder Ausweg aus prekärer Beschäftigung?

M7 Drei Gerechtigkeitsvorstellungen

Stefan Hradil

Vorstellungen von Leistungsgerechtigkeit fordern, dass Menschen so viel erhalten sollen (Lohn, Schulnoten, Lob etc.), wie ihr persönlicher Beitrag und/oder ihr Aufwand für die jeweilige Gesellschaft ausmachen. Konzepte der Leistungsgerechtigkeit sehen also ungleiche Belohnungen vor, um die Menschen für ungleiche Bemühungen [...] zu belohnen, sie zur weiteren Anstrengung zu motivieren und so für alle Menschen bessere Lebensbedingungen zu erreichen.

Als bedarfsgerecht gelten Verteilungen, die dem "objektiven" Bedarf von Menschen entsprechen, insbesondere ihren Mindestbedarf berücksichtigen. [...] Hinter dem Konzept der Bedarfsgerechtigkeit steht die Einsicht, dass Chancen- und Leistungsgerechtigkeit nicht in der Lage sind, dem jeweiligen Bedarf der nicht Leistungsfähigen, das heißt der Kranken, Alten, Kinder etc. gerecht zu werden.

Dem Konzept der Verteilungsgerechtigkeit zufolge sollen Güter und Lasten möglichst gleich verteilt werden. [...] Empirisch äußern sich egalitäre Gerechtigkeitsvorstellungen zum Beispiel in der Kritik an bestimmten Managergehältern allein aufgrund ihrer enormen Höhe oder an der Erwartung, dass eine „gerechte“ Gesundheitsversorgung für alle Menschen gleich gut sein müsse.

Text leicht bearbeitet, aus: Hradil, Stefan (2012): Soziale Gerechtigkeit. Quelle: http://www.bpb.de/politik/grundfragen/deutsche-verhaeltnisse-eine-sozialkunde/138445/soziale-gerechtigkeit?p=all [05.10.2012]

Arbeitsauftrag:

1) Erkläre mit eigenen Worten die drei verschiedenen Gerechtigkeitskonzeptionen.
2) Welche der Gerechtigkeitskonzeptionen spricht für/welche gegen die Einführung eines gesetzlichen Mindestlohns? Begründe.

Themen-Talk: Gesetzlicher Mindestlohn – Jobkiller oder Ausweg aus prekärer Beschäftigung?

M8 Rollenkarte BDA-Präsident/-in

BDA
DIE ARBEITGEBER

Präsident/-in der Bundesvereinigung
der Deutschen Arbeitgeberverbände (BDA)

Zu der Rolle:
Die BDA ist ein bundesweiter und branchenübergreifender Zusammenschluss privater deutscher Arbeitgeber/-innen. Die Hauptaufgabe der BDA besteht in der Vertretung unternehmerischer Interessen, beispielsweise bei Tarifvertragsverhandlungen der Mitgliedsverbände. Die BDA fungiert öffentlich auch als Sprachrohr ihrer Mitglieder.

Vorbereitung auf das Rollenspiel:

1) Welche Position vertritt der/die Bundespräsident/-in der Deutschen Arbeitgeberverbände (BDA) bezüglich der Einführung eines gesetzlichen Mindestlohns? (Hausaufgaben-Recherche).
2) Entwickelt ein kurzes Eingangsstatement für den Themen-Talk, in dem die grundlegende Position eurer Rolle zum Diskussionsthema deutlich wird.
3) Überlegt euch anhand der Materialien M1-M7 Argumente (und mögliche Gegenargumente) zur Position eurer Rolle (BDA-Präsident/-in).

Themen-Talk: Gesetzlicher Mindestlohn – Jobkiller oder Ausweg aus prekärer Beschäftigung?

M9 Rollenkarte DGB-Vorsitzende/-r

Vorsitzende/-r des Deutschen Gewerkschaftsbundes

Zu der Rolle:
Der DGB ist ein bundesweiter und branchenübergreifender Zusammenschluss verschiedener Einzelgewerkschaften (z.B. IG Metall, verd.di etc.). Insgesamt gehören dem DGB bzw. seinen Mitgliedsgewerkschaften über sechs Millionen Abeitnehmer/-innen an. Die Hauptaufgabe des DGB besteht in der Interessenvertretung der deutschen Arbeitnehmer/-innen und (Einzel)gewerkschaften.

Vorbereitung auf das Rollenspiel:

1) Welche Position vertritt der/die Vorsitzende/-r des DGB bezüglich der Einführung eines gesetzlichen Mindestlohns? (Hausaufgaben-Recherche).
2) Entwickelt ein kurzes Eingangsstatement für den Themen-Talk, in dem die grundlegende Position eurer Rolle zum Diskussionsthema deutlich wird.
3) Überlegt euch anhand der Materialien M1-M7 Argumente (und mögliche Gegenargumente) zur Position eurer Rolle (DGB-Vorsitzende/-r).

Themen-Talk: Gesetzlicher Mindestlohn – Jobkiller oder Ausweg aus prekärer Beschäftigung?

M10 Rollenkarte Bundesarbeitsminister/-in

Bundesministerium
für Arbeit und Soziales

Minister/-in für Arbeit und Soziales

Zu der Rolle:
Der/die Bundesarbeitsminister/-in gehört der Bundesregierung an und leitet das Ressort Arbeit und Soziales. Die mögliche Einführung eines gesetzlichen Mindestlohns für Arbeit liegt im Verantwortungsbereich des Bundesarbeitsministeriums.

Vorbereitung auf das Rollenspiel:

1) Welche Position vertritt der/die Bundesarbeitsminister/-in bezüglich der Einführung eines gesetzlichen Mindestlohns? (Hausaufgaben-Recherche).
2) Entwickelt ein kurzes Eingangsstatement für den Themen-Talk, in dem die grundlegende Position eurer Rolle zum Diskussionsthema deutlich wird.
3) Überlegt euch anhand der Materialien M1-M7 Argumente (und mögliche Gegenargumente) zur Position eurer Rolle (Bundesarbeitsminister/-in).

Themen-Talk: Gesetzlicher Mindestlohn – Jobkiller oder Ausweg aus prekärer Beschäftigung?

M11 Rollenkarte Inhaber/-in eines Friseursalons

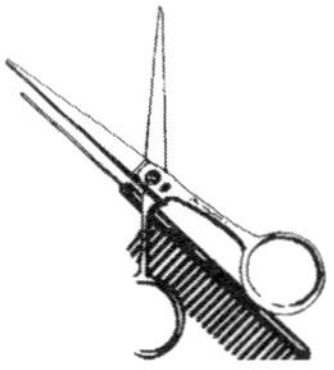

Inhaber/-in eines Friseursalons

Zu der Rolle:
Der Inhaber/die Inhaberin eines Friseursalons beschäftigt mehrere angestellte Friseure/Friseurinnen. In der Regel gibt es in einem Ort nicht nur einen Friseurbetrieb, sondern mehrere, die um ihre Kunden konkurrieren.

Vorbereitung auf das Rollenspiel:

1) Welche Position vertritt der/die Inhaber/-in des Friseursalons bezüglich der Einführung eines gesetzlichen Mindestlohns? (Hausaufgaben-Recherche).
2) Entwickelt ein kurzes Eingangsstatement für den Themen-Talk, in dem die grundlegende Position eurer Rolle zum Diskussionsthema deutlich wird.
3) Überlegt euch anhand der Materialien M1-M7 Argumente (und mögliche Gegenargumente) zur Position eurer Rolle (Inhaber/-in eines Friseursalons).

Themen-Talk: Gesetzlicher Mindestlohn – Jobkiller oder Ausweg aus prekärer Beschäftigung?

M12 Rollenkarte Niedriglohn-Beschäftigte/-r

Gebäudereiniger/-in ...
Friseur/-in Krankenpfleger/-in
Verkäufer/-in Dachdecker/-in

Beschäftigte/-r im Niedriglohnbereich

Zu der Rolle:
Arbeitnehmer/-innen mit einer Beschäftigung im Niedriglohnbereich erhalten weniger als zwei Drittel des Medianverdienstes, d.h. des mittleren Verdienstes aller Beschäftigten. Teilweise sind sie auf ergänzende Sozialleistungen des Staats angewiesen, weil ihr eigenes Gehalt zum Leben nicht ausreicht.

Vorbereitung auf das Rollenspiel:

1) Welche Position vertritt der/die Beschäftigte im Niedriglohnbereich bezüglich der Einführung eines gesetzlichen Mindestlohns? (Hausaufgaben-Recherche).
2) Entwickelt ein kurzes Eingangsstatement für den Themen-Talk, in dem die grundlegende Position eurer Rolle zum Diskussionsthema deutlich wird.
3) Überlegt euch anhand der Materialien M1-M7 Argumente (und mögliche Gegenargumente) zur Position eurer Rolle (Beschäftigte/-r im Niedriglohnbereich).

Themen-Talk: Gesetzlicher Mindestlohn – Jobkiller oder Ausweg aus prekärer Beschäftigung?

M13 Rollenkarte Moderator/-in

Moderator/-in

Zu der Rolle:
Der/die Moderator/-in des Themen-Talks sorgt für einen geordneten Ablauf der Diskussion. Inhaltlich nimmt der/die Moderator/-in nicht Stellung, sondern bleibt stets neutral. Durch Gegenüberstellen von Wortbeiträgen der Talkgäste oder durch provokante, zugespitzte Fragen kann die Moderation mehr Schwung in die Diskussionsrunde bringen. Er/sie achtet darauf, dass alle Gesprächsteilnehmer/-innen zu etwa gleichen Teilen an der Diskussion beteiligt sind und sich gegenseitig respektvoll behandeln (ausreden lassen, keine Beschimpfungen etc.).

Vorbereitung auf das Rollenspiel:

1) Bereitet euch auf den Themen-Talk vor, indem ihr euch zunächst einen Überblick über die möglichen Positionen der geladenen Talkgäste verschafft.
2) Überlegt euch anhand der Materialien M1-M7 Fragen sowohl an jeden einzelnen Talkgast als auch Fragen, die an mehrere Diskussionsteilnehmer/-innen gestellt werden können.
3) Überlegt euch einen groben Ablauf der Diskussion, d.h. mit welchem Aspekt soll nach den Eingangsstatements begonnen werden, welche Schwerpunkte folgen und wie soll die Diskussion beendet werden.

Das soziologische Konzept „Identität" als Lerngegenstand sozialwissenschaftlichen Unterrichts

Dennis Neumann

1. Einleitung

Die Frage *Wer bin ich?* stellen sich Menschen im Alltag selten. Wenn jedoch Entscheidungen getroffen werden müssen, die den Lebensweg maßgeblich beeinflussen (Berufswahl, Partnerschaft, Umzug), spielt die Frage nach dem Ich eine zentrale Rolle. Und dass die Beschäftigung mit Identität auch bewusst geschehen kann, zeigen nicht zuletzt Erfolge von populären Büchern zu diesem Thema, wie zum Beispiel *Wer bin ich – und wenn ja wie viele?* (Precht 2007). Für Kinder und Jugendliche stellt Schule eine wichtige Sozialisationsinstanz dar, die in modernen Gesellschaften immer mehr auch die Aufgabe der primären Sozialisation übernimmt (vgl. Geulen 2007: 154) und damit prägend für die Sozialisationsdimension Identitätsbildung ist (vgl. Scherr 2002: 48). Dieser Praxisbeitrag soll beispielhaft aufzeigen, wie eine Schulunterrichtsplanung zum soziologischen Fachkonzept „Identität" aussehen kann, um anhand ausgewählter soziologischer Theorien zu diesem Inhaltsfeld konzeptuelle Wissensnetze bei Schüler/-innen aufzubauen.

2. Soziologie in den Lehrplänen in NRW und die Problematik einer konzeptuellen Verortung

Die Curricula Nordrhein-Westfalens beinhalten in allen sozialwissenschaftlichen Unterrichtsfächern Inhaltsfelder mit dem Schwerpunkt Identität. Für die Sekundarstufe I sind dies der Kernlehrplan Politik/Wirtschaft für das Gymnasium mit dem Inhaltsfeld Identität und Lebensgestaltung im Wandel der modernen Gesellschaft (vgl. MSW NRW 2007: 27ff.), der Kernlehrplan Politik für die Realschule mit dem Inhaltsfeld Identität und Lebensgestaltung im Wandel der modernen und globalisierten Gesellschaft (vgl. MSW NRW, 2011a: 14ff.), der Kernlehrplan Gesellschaftslehre für die Gesamtschule mit dem Inhaltsfeld Identität, Lebensgestaltung und Lebenswirklichkeit (MSW NRW 2011b: 19ff.) sowie der Kernlehrplan Gesellschaftslehre für die Hauptschule mit dem Inhaltsfeld Identität und Lebensgestaltung (MSW NRW 2011: 40ff.).

Im Zuge der Kompetenzorientierung „sind vor allem die Fachdidaktiken aufgefordert, Kompetenzmodelle zu entwickeln und normativ festzulegen sowie auch ihre empirische Überprüfung zu übernehmen" (Weißeno et. al. 2010: 9). Die Formulierung inhaltsbezogener Standards durch Entwicklung fachlicher Konzepte als „Major-Ideen eines Faches" (ebd.: 11) hat in den letzten Jahren verschiedene Ansätze der sozialwissenschaftlichen Fachdidaktik hervorgebracht.

Obwohl eine schnelle Einigung der Konzeptansätze unter anderem aufgrund unterschiedlicher Auffassungen zu fachlichen Bezugsdisziplinen sowie Kompetenzdimensionen und -ausformulierungen nicht zu erwarten ist, soll kurz auf diese mit Bezug zur Unterrichtsplanung eingegangen werden. Durch die Fokussierung auf Politik als zentrale fachwissenschaftliche Bezugsdisziplin zeigen sich für den vorliegenden Unterrichtsentwurf zum Konzeptmodell von Weißeno et. al. (2010) fachlich wenige Anknüpfungsmöglichkeiten. Die Einzelbeiträge der Autorengruppe Fachdidaktik (2011) nehmen die fachliche Multidisziplinarität sozialwissenschaftlicher Bildung stärker in den Blick, ohne weitere Teilmodelle für Wirtschaft und Soziologie zu entwickeln. Hier besteht dringender Forschungsbedarf, damit die sozialwissenschaftliche Bildung an Schulen, die zum Beispiel in NRW drei Teildisziplinen umfasst, einen kumulativen Wissens- und Kompetenzaufbau mit entsprechenden Fachkonzepten bieten kann.

3. Soziologische Identitätstheorien

Es gibt unterschiedliche klassische soziologische Theorien zur Identität wie zum Beispiel die Erick H. Ericksons, Talcott Parsons, David Riesmanns oder Anselm Strauss' (vgl. Abels 2010). Im Rahmen dieses Praxisbeispiels sollen die Forschungen des US-amerikanischen Sozialpsychologen George Herbert Meads thematisiert werden, markieren diese doch die Anfänge der frühen soziologischen Identitätsforschung (vgl. Liebsch 2002: 69f.). Seine Theorien zur Entwicklung der Identität werden dabei nachfolgend im Fokus stehen.

Mead unterscheidet zwischen zwei Ebenen oder Seiten des Ichs. Das „I" ist die impulsive und unbewusste Seite des Ichs, in welcher „sinnliche und körperliche Bedürfnisse spontan zum Ausdruck [kommen]" (Abels 2010: 269). Das „Me" (reflektiertes Ich) ist demgegenüber „die Summe der *sozialen* Bilder von uns, die wir im Laufe der vielen Beziehungen zu Anderen und unter dem sanften Druck der Sozialisation verinnerlicht haben und mit denen wir uns in konkreten Interaktionen konfrontiert sehen" (ebd.: 270 [Hervorhebung im Original]). Es wird deutlich, dass Interaktion und Kommunikation für diese Ebene des Ichs zentrale Funktionen erfüllen, denn sie beinhaltet alle Erfahrungen und Bilder, die wir von uns durch Interaktionen mit anderen

Menschen gemacht haben sowie die Vorstellungen darüber, wie Andere uns sehen. Das „Self" schließlich ist die Identität eines Menschen. Es stellt den Versuch dar, die verschiedenen reflektierten Ichs „zu einem einheitlichen Selbstbild [zu synthetisieren]" (Joas 1991: 139).

Die bereits angemerkte Prozesskomponente in der Entwicklung eines Selbst erhält weitere Bedeutsamkeit in Meads Ausführungen zur Rollenübernahme (vgl. Abels 2010: 262f.) bzw. Perspektivenübernahme (vgl. Schwietring 2011: 264). Die Fähigkeit, sich in die Rolle Anderer hineinzuversetzen bedeutet auch, sich und sein Handeln aus dessen Sicht zu bewerten. Gelingen kann dies aufgrund ähnlicher Sozialisationshintergründe und der Verwendung gleicher (signifikanter) Symbole (vgl. Abels 2010: 261f.).

Die Beschäftigung mit Meads Modell zur Entwicklung der Identität leistet in diesem Zusammenhang wichtige Vorarbeit zur weiteren unterrichtlichen Beschäftigung mit der Frage nach der Vergesellschaftung des Menschen, enthält dieses doch „den Kern des bis heute gültigen Denkens über Sozialisation als einem Prozess der aktiven Aneignung der sozialen und materiellen Umwelt durch das heranwachsende Subjekt" (Schwietring 2011: 265).

Gleichzeitig kann der Bogen zu einem neueren Ansatz der Identitätsforschung gespannt werden, zu welchem auch die curriculare Schwerpunktlegung zur „personale[n] Identität und persönliche[n] Lebensgestaltung im Spannungsfeld von Selbstverwirklichung und sozialen Erwartungen" (u.a. MSW NRW 2011a: 31) erfolgen kann: dem dramaturgischen Ansatz Erving Goffmans. Dieser unterscheidet zwischen zwei Dimensionen der Identität. Auf der Ebene der sozialen Identität präsentieren Menschen anderen Menschen gegenüber ein bestimmtes Bild, in welchem lediglich Ausschnitte ihrer Identität aufscheinen (vgl. Schwietring 2011: 277). In verschiedenen Kontexten werden unterschiedliche soziale Identitäten gezeigt. Die „nach innen gerichtete Herstellung eines kohärenten Selbstbildes, das die verschiedenen Facetten der Persönlichkeit, die in den unterschiedlichen sozialen Identitäten, über die ein Individuum verfügt, [...] integriert" (ebd.: 277f.) ist Aufgabe der personalen Identität.

Das dramaturgische Element in diesem Ansatz spiegelt sich in Goffmans Verwendung von Begriffen des Schauspiels wieder. Menschen agieren als Darsteller auf einer Alltagsbühne in verschiedenen Rollen, die je nach Akt in Handlungsmustern andere Elemente der sozialen Identität zum Ausdruck bringen. „[D]ass es nicht sinnvoll ist, Wirklichkeit und Darstellung zu unterscheiden oder nach der Wirklichkeit hinter der Darstellung zu suchen" (ebd.: 280) ist Kernaussage Goffmans Theorie, da sich Menschen in Interaktion mit anderen Menschen grundsätzlich innerhalb bestimmter Rollen bewegen.

Weitere neuere Theorien zur Identitätskonstruktion (zur Übersicht vgl. z.B. Höfer/Keupp 2001) werden unterrichtlich nicht thematisiert, kommen jedoch in der Unterrichtsplanung implizit (multiple/hybride Identitäten, Identitätskonstruktionen) zum Tragen. Im unterrichtlichen Verlauf sollen abschließend identitätsfördernde Eigenschaften (vgl. Krappmann 1969) behandelt werden.

4. Lernziele und Kompetenzerwartungen

Das übergreifend formulierte Lernanliegen ist die Ausbildung eines soziologischen Fachkonzeptes zur „Identität“. Schülerinnen und Schüler erkennen, dass Identität keine feste Eigenschaft ist, die Menschen haben, sondern dass sie sich durch aktive Auseinandersetzung des Menschen mit seiner Umwelt entwickelt und dass dies ein lebenslanger Prozess ist. Zum anderen erfahren sie, dass Menschen in sozialer Interaktion nur ausgewählte Facetten ihrer Identität zeigen. Hiermit wird insbesondere zur curricular auf der Ebene der Sachkompetenz formulierten Kompetenzerwartung Bezug genommen, dass Lernende „das Spannungsfeld zwischen Selbstverwirklichung und sozialen [...] Erwartungen [beschreiben] und [...] denkbare Konflikte sowie Möglichkeiten der Konfliktlösung [benennen]“ (MSW NRW 2011a: 14).

Schüler/-innen können am Ende der Unterrichtsstunden Kernaussagen Meads zur Entwicklung der Identität sowie Goffmans zu Ebenen der Identität wiedergeben und erläutern (Dimension kognitive Prozesse: Reproduzieren, Selegieren und Organisieren).

Sie können verschiedene, auch konfliktäre Rollenerwartungen, die an sie in verschiedenen sozialen Kontexten herangetragen werden, benennen und Möglichkeiten ihrer Regulierung beurteilen (Urteilskompetenz, Dimension kognitive Prozesse: Integrieren).

Auf der Ebene Methodenkompetenz verwenden die Lernenden die eingeführten Fachbegriffe korrekt (Faktenniveau bis Konzeptniveau). Schließlich präsentieren die Schülerinnen und Schüler selbst entworfene Folien im unterrichtlichen Rahmen (Handlungskompetenz im Sinne produktiven Gestaltens).

5. „Identität" als Lerngegenstand

5.1 Didaktische und methodische Zugangsweisen

Der didaktische Zugang erfolgt in der ersten Doppelstunde über das Prinzip der Adressatenorientierung (kurzes Gedankenexperiment). Um einen Lerngegenstand auszugliedern und damit eine unter Umständen unerwünschte Selbstdarstellung im Unterricht zu umgehen, wird im anschließenden Mindmapping-Verfahren auf übergeordnete Begriffe und damit auf einen höheren Abstraktionsgrad abgezielt. Gleichzeitig können so Präkonzepte in Ansätzen visuell externalisiert werden. Das Materialblatt M2 hypostasiert auch eventuell vorhandene fachliche Fehlkonzepte. So wäre am Beispiel des Identitätsmerkmals „Nationalität“ im weiteren Unterrichtsverlauf auf die im soziologischen Sinne problematische Verwendung des Begriffs „nationaler Identitäten“ zu achten. In der Gruppenarbeit mit dem Arbeitsblatt M3 und der abschließenden Präsentation im Plenum sollte die Lehrerin/der Lehrer aufgrund der relativen Abstraktheit der Theorie bei der Reorganisation des Gelesenen durch ein Schaubild gegebenenfalls Hilfestellung leisten. Es sind unterschiedliche Darstellungsweisen möglich. Angemessen für das Self ist beispielsweise das Bild einer Waage als Balanceinstrument zwischen I und Me.

Der Ausgangspunkt der zweiten Doppelstunde ist die Auswertung der Hausarbeit zu möglichen Rollenkonflikten. Das Arbeitsblatt M4 behandelt die Frage nach den Gründen dieser Konflikte. Es zielt dabei auf die Problematisierung ab, weshalb ein gelungenes Identitätsmanagement durch das Spiel mit unterschiedlichen sozialen Identitäten und die Herausbildung einer zusammenhängenden personale Identität (Goffman) besonders für Jugendliche herausfordernd ist und nimmt auch Bezug zu den in der Hausaufgabe auf Präkonzeptebene formulierten Erklärungsmustern zu Rollenkonflikten. Damit ist der Übergang zur Darstellung (Lehrervortrag) von Fähigkeiten geschaffen, die Menschen haben müssen, um eine Identität erfolgreich ausbilden zu können (Krappmann).

5.2 Verlaufspläne

Die Verlaufspläne sind für eine Doppelstunde und eine Einzelstunde (Schulstunden im 45-Minuten-Raster) konzipiert. Zielgruppe sind Schülerinnen und Schüler der Sekundarstufe I ab der Jahrgangsstufe 8.

1. Doppelstunde: Selbstbilder – Wer bin ich und wie werde ich Ich?

Phase (Zeit)	Unterrichtsschritte plus didaktischer Kommentar	Medien/ Material	Arbeits-und Sozialform
Einstieg (30 min)	Begrüßung und Arbeitsaufträge M1 (OHP-Folie zur visuellen Unterstützung), nach Einzel- und Partnerarbeit Mindmapping zur externen Visualisierung von Präkonzepten und Strukturierungshilfe für Folgestunden („Kommt nach vorne und klebt eure Zettel auf das Plakat. Heftet Zettel mit ähnlichen Inhalten zu Gruppen zusammen.“ [Beispiel für Mindmap M2]).	OHP-Folie M1, Plakat, Zettel, Stifte, Klebeband	EA, PA, Plenum
Erarbeitung (30 min)	Zusammenstellen der Gruppen, Austeilen des Arbeitsblattes M3 (Einzelarbeit), Erstellen eines Schaubildes auf OHP-Folie zur Reorganisation der Theorie (Gruppenarbeit)	Arbeitsblatt M3, OHP-Folien, Folienstifte	EA, GA
Ergebnissicherung (25 min)	SuS präsentieren Folien auf dem OHP, die anderen Gruppen ergänzen im Plenum	OHP-Folien	Präsentation Folien SuS, Plenum
Hausaufgabe (5 min)	Schriftliche Ausarbeitung, Aufgabenstellung: „Zwischen welchen Rollen von Menschen, die in der Ich-Mindmap genannt sind, können Konflikte entstehen? Begründe warum!“	Arbeitshefte	EA

2. Einzelstunde: Ich bin viele! Identitätsarbeit als Lebensaufgabe

Phase (Zeit)	Unterrichtsschritte plus didaktischer Kommentar	Medien/ Material	Arbeits-und Sozialform
Einstieg (5 min)	Vorstellung der Hausarbeiten, Lehrer(in) sammelt mögliche Rollenkonflikte an der Tafel	Tafel	Plenum
Erarbeitung I (20 min)	Austeilen des Arbeitsblattes M4 (Einzelarbeit)	M4, Arbeitsheft	Einzelarbeit
Auswertung (10 Minuten)	Lehrer(in) hält an der Tafel theoretische Begründungen für Rollenkonflikte fest	Tafel	Plenum
Erarbeitung II (10 Minuten)	Lehrer(in) stellt M5 vor	OHP-Folie M5	Plenum bzw. Lehrervortrag

6. Zusammenfassung und Ausblick

Die unterrichtliche Beschäftigung mit dem soziologischen Fachkonzept „Identität" bietet vielfältige Zugangsmöglichkeiten zu zentralen soziologischen Theorien sowie Anknüpfungsmöglichkeiten an weitere sozialwissenschaftliche Fachkonzepte. Die im Unterrichtsverlauf thematisierte Idee eines „Doing Identity" (Identitätsbildung als aktiver Prozess) stellt sich gegen die Alltagsvorstellung von Identität als fixe Personeneigenschaft. Hiermit wird Bezug genommen zur, auch für andere soziologische Ideen bestehenden „Gefahr der Verdinglichung" (Schwietring 2011: 276). Diese Prozesshaftigkeit als grundständige Annahme des symbolischen Interaktionismus zur Entstehung des Selbst (Mead) kann darüber hinaus auch für die Erschließung weiterer soziologischer Theorien, unter anderem zur Sozialisation (Sozialisation als Übernahme von gesellschaftlichen Erwartungen, Regeln und Normen sowie als aktiver Aneignungsprozess), hilfreich sein. Durch alternative didaktische Zugänge, wie der exemplarischen Problematisierung der „Brüchigkeit von Identität" (ebd.: 283) von Migrant/-innen oder die Ausbildung einer Geschlechtsidentität kann zudem noch deutlicher werden, dass Identitätsbildungsprozesse immer in sozialen Kontexten stattfinden.

Die beispielhafte Beschäftigung mit der Kategorie „Geschlecht" zeigt gleichzeitig die Vernetzungsmöglichkeiten mit weiteren sozialwissenschaftlich bedeutsamen Begriffen wie „soziale (Un-) Gleichheit" und „Gleichberechtigung" und damit politischen Fachkonzepten wie „Gerechtigkeit" und „Gleichheit" (vgl. Weißeno et al. 2011: 12).

In diesem Zusammenhang zeigt sich jedoch nochmals das eingangs konstatierte Forschungsdesiderat zu soziologischen Fachkonzepten. So liegt der Fokus beim politischen Fachkonzept „Gleichheit" insbesondere auf rechtlicher Gleichheit und es wird auf mögliche Fehlkonzepte durch die Verwechslung mit sozialer oder ökonomischer Gleichheit hingewiesen (vgl. ebd.: 173f.). Die soziologisch relevanten Modelle sozialer Ungleichheit (zur Übersicht vgl. z.B. Burzan 2011) bieten dabei andere Typisierungsmöglichkeiten und Erklärungsmuster an. Zudem legt die soziologische Sicht auf soziale Ungleichheit eine Trennung zwischen subjektiver und objektiver Seite nahe (vgl. Schwietring 2011: 186f.). Diese Unterscheidung scheint insbesondere für die unterrichtliche Thematisierung relevant, um zwischen deskriptiver (beispielsweise hinsichtlich der Sozialstruktur Deutschlands) und normativer Ebene (die Bewertung sozialer Ungleichheit als individuell empfundene Ungerechtigkeit) trennen zu können. Hier besteht weiterer Forschungsbedarf.

7. Material

M1
Wer bist Du?

http://www.humanist-news.com/wp-content/uploads/2012/06/identita%CC%88t.gif.

Stell Dir vor, Du würdest in eine neue Stadt umziehen. An Deinem ersten Tag auf der neuen Schule bittet die Lehrerin darum, dass Du Dich der Klasse vorstellst. Sie fragt: „Würdest Du Dich bitte kurz vorstellen, wer Du bist?“

Aufgaben

Aufgabe 1: Schreibe auf, wie Du antworten würdest. Bearbeite diese Aufgabe für Dich alleine. Hierfür hast Du *5 Minuten* Zeit.

Ich …

___

___

___

___

Aufgabe 2: Erzähle Deiner Sitznachbarin/Deinem Sitznachbarn, wie Du Dich der neuen Klasse vorstellen würdest. Vergleicht untereinander Gemeinsamkeiten und Unterschiede eurer Vorstellung. Bildet Oberbegriffe dafür, was Ihr von Euch vorgestellt habt (zum Beispiel *Hobbies*) und schreibt diese auf die ausgeteilten Zettel.

Bearbeitet diese Aufgaben in *10 Minuten*.

M2
Beispiel für eine Mindmap zum Einstieg Stunde 1

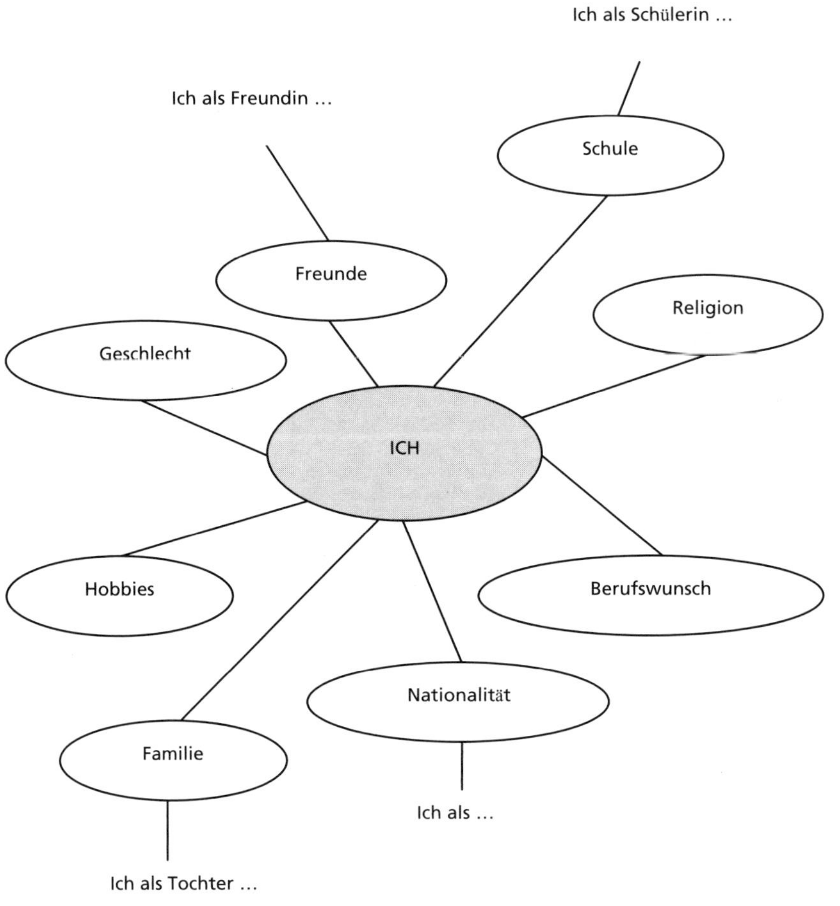

M3
Wie entwickelt sich menschliche Identität?

Der US-amerikanische Philosoph und Sozialpsychologe George Herbert Mead beschäftige sich unter anderem mit der Entstehung einer menschlichen Identität.

Er unterscheidet zwischen zwei Seiten des Ich. Das „I“ (englisch ausgesprochen) ist das impulsive Ich. Es bezeichnet die spontane und triebhafte Seite unserer Persönlichkeit.

George Herbert Mead
(1863-1931)

Das „Me“ ist das reflektierte Ich. Es beinhaltet alle gesellschaftlichen Rollen (z.B. Schülerin, Tochter, Freundin), die wir in unserem Alltag einnehmen.

Das „Self“, die Identität, entsteht nach Mead durch Interaktion (Austausch) zwischen Menschen. In unterschiedlichen Situationen nehmen Menschen verschiedene Rollen an, ihre reflektierten Ichs werden zahlreicher. Zwischen beiden Seiten des Ich ein Gleichgewicht herzustellen und sie zu einem Selbstbild zusammenzufügen, ist Aufgabe des Self.

Bildnachweis:
http://upload.wikimedia.org/
wikipedia/commons/e/e6/Mead.jpg

Aufgaben

Aufgabe 1: Lies den Text und unterstreiche wichtige Begriffe. Hierzu hast Du *10 Minuten* Zeit.
Ein Tipp: Nutze für das Unterstreichen unterschiedliche Farben. Das wird Dir bei den folgenden Aufgaben helfen!

Aufgabe 2: Tausche Dich in Deiner Gruppe mit den anderen Gruppenmitgliedern aus. Erklärt euch gegenseitig die wichtigsten Begriffe, die Ihr unterstrichen habt (Zeitvorgabe: *5 Minuten*).

Aufgabe 3: Erstellt in Eurer Gruppe ein Schaubild* auf den ausgeteilten Folien, in dem Ihr die Entwicklung der Identität nach George Herbert Mead darstellt. Bearbeitet diese Aufgaben in *15 Minuten*.

*In einem Schaubild werden die wichtigsten Informationen aus einem Text in Form einer grafischen Übersicht dargestellt. So sollen auch Zusammenhänge zwischen Begriffen auf einen Blick erkennbar werden.

M4
Warum gibt es Rollenkonflikte?

Stelle Dir Deinen Alltag einmal als Theaterbühne vor. Je nach „Bühnenbild" (zum Beispiel Mathematikunterricht in der Schule, Kinobesuch mit Freunden, Spiele-Abend mit Deiner Familie) stellst Du unterschiedliche Rollen dar. Du nutzt „Requisiten*" (im Mathematikunterricht beispielsweise das Schulbuch) und spielst gemeinsam mit anderen „Darstellern" (Deinen Mitschülerinnen und Mitschülern, Eltern, Freunden) „Szenen".

Wie sich Menschen in verschiedenen Rollen in ihrem Alltag verhalten, interessierte den US-amerikanischen Soziologen Erving Goffman. Er unterscheidet zwischen zwei Dimensionen der Identität: der „sozialen Identität" und der „personalen Identität". Die soziale Identität übernimmt die oben beschriebene Aufgabe, in sozialen Situationen ein bestimmtes Bild von sich zu zeigen. Durch unterschiedliche Rollenanforderungen haben Menschen eine Vielzahl von sozialen Identitäten. Gleichzeitig muss nach innen ein einheitliches Selbstbild gebildet werden, was Aufgabe der personalen Identität ist.

Erving Goffman (1922-1982)

*Ein Requisit (Plural: Requisiten) ist ein Gegenstand, der in Theateraufführungen und Filmen als Ausstattung und Dekoration dient.

Bildnachweise:
http://www.ostseeferieninfo.de/region_fdz/themen/theater_boddenbuehne/buehne_theater.jpg
http://upload.wikimedia.org/wikipedia/en/d/de/Erving_Goffman.jpg

Aufgaben

Aufgabe 1: Lies den Text und erkläre in eigenen Worten die Begriffe „soziale Identität" und „personale Identität" in Deinem Arbeitsheft. Hierfür hast Du *10 Minuten* Zeit.

Aufgabe 2: Nimm noch einmal Deine Hausarbeit dazu und schreibe in Stichpunkten auf, welche Erklärungen es vor dem Hintergrund der Theorie Erving Goffmans zu den beschriebenen Rollenkonflikten geben kann (Zeitvorgabe: *10 Minuten*).

M5
Rollenhandeln und Identitätsbildung – ein Balanceakt!

Welche Fähigkeiten brauchen Menschen, um eine Identität ausbilden zu können (vgl. Krappmann 1969: 132ff.)?

Empathie
Sich in sein Gegenüber hineinversetzen können.

Rollendistanz
Rollen in Frage stellen können.

Bildnachweis: http://3.bp.blogspot.com/-mL20htFifzQ/T3EVC6sg72I/AAAAAAAAADM/cy_vXrTShws/s1600/balance.jpg

Identitätsdarstellung
Anderen verständlich zeigen können „wer man ist".

Ambiguitätstoleranz
Unterschiedliche Rollenanforderungen und -konflikte aushalten können.

8. Literatur

Abels, H. (2010): Identität. Über die Entstehung des Gedankens, dass der Mensch ein Individuum ist, den nicht leicht zu verwirklichenden Anspruch auf Individualität und die Tatsache, dass Identität in Zeiten der Individualisierung von der Hand in den Mund lebt. 2. Aufl., Wiesbaden: VS Verlag für Sozialwissenschaften.

Autorengruppe Fachdidaktik (2011): Konzepte der politischen Bildung. Eine Streitschrift. Schwalbach/Ts.: Wochenschau.

Burzan, N. (2011): Soziale Ungleichheit. Eine Einführung in die zentralen Theorien. 4. Aufl., Wiesbaden: VS Verlag für Sozialwissenschaften.

Gesellschaft für Politikdidaktik und Politische Jugend- und Erwachsenenbildung (Hrsg.) (2004): Nationale Bildungsstandards für den Fachunterricht in der politischen Bildung an Schulen. Schwalbach/Ts.: Wochenschau.

Geulen, D. (2007): Sozialisation. In: Joas, H. (Hrsg.): Lehrbuch der Soziologie. 3. Aufl., Frankfurt/Main: Campus, S. 137-158.

Höfer, R./Keupp, H. (Hrsg.) (2001): Identitätsarbeit heute. Klassische und aktuelle Perspektiven der Identitätsforschung. 1. Aufl. (Nachdr.), Frankfurt/M.: Suhrkamp.

Joas, H. (1991): Rollen- und Interaktionstheorien in der Sozialisationsforschung. In: Hurrelmann, K./Ulrich, D. (Hrsg.): Neues Handbuch der Sozialisationsforschung. 4. Aufl., Weinheim: Beltz. S. 137-152.

Krappmann, L. (1969): Soziologische Dimensionen der Identität. Strukturelle Bedingungen für die Teilnahme an Interaktionsprozessen. Stuttgart: Klett-Cotta.

Liebsch, K. (2002): Identität und Habitus. In: Korte, H./Schäfers, B. (Hrsg.): Einführung in die Hauptbegriffe der Soziologie. 6. Aufl., Opladen: Leske + Budrich, S. 67-84.

Ministerium für Schule und Weiterbildung des Landes Nordrhein-Westfalen (Hrsg.) (2007): Kernlehrplan für das Gymnasium – Sekundarstufe I (G8) in Nordrhein-Westfalen. Politik/Wirtschaft. Frechen: Ritterbach.

Ministerium für Schule und Weiterbildung des Landes Nordrhein-Westfalen (Hrsg.) (o.J.a [Einführungserlass: 28.04.2011]): Kernlehrplan für die Realschule in Nordrhein-Westfalen. Politik.

Ministerium für Schule und Weiterbildung des Landes Nordrhein-Westfalen (Hrsg.) (o.J.a [Einführungserlass: 28.04.2011]): Kernlehrplan für die Gesamtschule – Sekundarstufe I in Nordrhein-Westfalen. Gesellschaftslehre (Erdkunde, Geschichte, Politik).

Ministerium für Schule und Weiterbildung des Landes Nordrhein-Westfalen (Hrsg.) (2011): Kernlehrplan für die Hauptschule in Nordrhein-Westfalen. Gesellschaftslehre (Erdkunde, Geschichte, Politik). Frechen: Ritterbach.

Precht, R. D. (2007): Wer bin ich – und wenn ja wie viele? München: Goldmann.

Scherr, A. (2002): Sozialisation, Person, Individuum. In: Korte, H./Schäfers, B. (Hrsg.): Einführung in die Hauptbegriffe der Soziologie. 6. Aufl., Opladen: Leske + Budrich, S. 45-66.

Schwietring, T. (2011): Was ist Gesellschaft? Einführung in soziologische Grundbegriffe. Konstanz und München: UVK Verlagsgesellschaft mbH.

Weißeno, G. et. al. (2010): Konzepte der Politik. Ein Kompetenzmodell. Schwalbach/Ts.: Wochenschau.

Planspiele – eine Bereicherung für den sozialwissenschaftlichen Unterricht am Beispiel der Europäischen Energiepolitik

Susanne Gerngroß

Planspiele sind bisher in Schule und Hochschule wenig verbreitet, auch wenn die Makro-Methode in Handbüchern zur Politischen Bildung zum Standardrepertoire zählt (vgl. Massing 2004, 2000). Nach Klippert liegt dies „erstens an mangelnden Spielvorlagen, zweitens am einseitig stofforientierten Lehr-Lernverständnis vieler Fachkräfte, drittens an den traditionell eher dürftigen Gestaltungsspielräumen in der Schule und viertens an der fehlenden Spielpraxis und -erfahrung der meisten Lehrer/innen" (2008: 9). Planspiele sind aber ein geeignetes didaktisches Werkzeug, um komplexe Vorgänge lebensnah zu erlernen. Im Folgenden soll ein Einblick in die Welt der Planspiele gegeben werden, ihre Definition, Funktionslogik, Ablauf und Inhalte sowie ihre konkreten Einsatzmöglichkeit im Politikunterricht am Beispiel einer Simulation des Rates der EU zur Energiepolitik, um den vorgetragenen Probleme entgegenzutreten.

1. Was sind Planspiele?

Das Wort Planspiel wird als Oberbegriff für ein breites Spektrum an Verfahren benutzt, zu denen Rollenspiele, Brettplanspiele und weitere Formen von Lernspielen zählen, die auch computergestützt sein können (vgl. Kriz 2011: 14; Birgmayer 2011: 41; Klippert 2008: 25). Synonym wird der Begriff der Simulationen verwendet, da jedes Planspiel eine Simulation der Realität ist. „Planspiele sind fach- und sachbezogene Entscheidungs-, Kommunikations- und Interaktionsspiele" (Klippert 2008: 11). So finden Planspiele neben dem politischen, sozialen und wirtschaftlichen Bereich auch als Kriegsspiele beim Militär oder als rechentechnische Simulationen in verschiedensten Unternehmen Anwendung.

Dargestellt wird in einem Planspiel immer eine Problemsituation oder Herausforderung, die nach einer Lösung verlangt. „Das Wort Plan spiegelt das Modellhafte im Prozess wider und beschreibt, wie und nach welchen Regeln etwas durchgeführt werden soll" (Rappenglück 2010). Daran beteiligt sind unterschiedliche Akteure mit verschiedenen Ressourcen und Interessenlagen. Zentrale Merkmale vor allem sozialwissenschaftlicher Planspiele sind der Konflikt, den die Akteure miteinander austragen, und die Entscheidungen, die getroffen werden, um zu einer Lösung zu gelangen. „Planspiele stellen für den Kompetenzerwerb praxisnahe Lernfelder mit realistischer Komplexität und Entscheidungs- und Handlungsspielraum bereit. Das Planspiel ermöglicht den Umgang mit realen Problemen und authentischen realitätsnahen Simulationen" (Kriz 2011:12).

Der Umfang und die Dauer dieser Planspiele variiert stark. Kurze Rollenspiele können in einer Unterrichtsstunde eingesetzt werden, komplexere Planspiele z.B. im Bereich der EU laufen ein bis zwei Tage, lange Simulationen wie Model United Nations dauern ca. eine Woche.

Planspiele werden unterschieden in freie Spiele, die nicht fest vorstrukturiert sind, geschlossene, bei denen Handlungsrahmen und Entscheidungsspielräume vorgegeben sind, und halboffene, bei denen gewisse Grundsätze unverändert bleiben, Szenarien und Abläufe aber offen sein können (vgl. Kriz 2011: 20; Rappenglück 2010). Gibt es mehrere Spielgruppen, unterscheidet man weiter zwischen interaktiven und nichtinteraktiven Simulationen (vgl. Rappenglück 2010). Bei interaktiven Spielen agieren die Gruppen miteinander und bestimmen zusammen den Verlauf. Bei nichtinteraktiven Simulationen spielen mehrere Gruppen nebeneinander, ohne gegenseitig in Kontakt zu einander zu treten. Diese Formen sind in sich unterschiedlich, haben aber die gleiche Methodik, auf die im Folgenden eingegangen wird.

2. Funktionslogik von Planspielen

Abbildung 1: Eigene Darstellung in Anlehnung an Kriz 2011: 16.

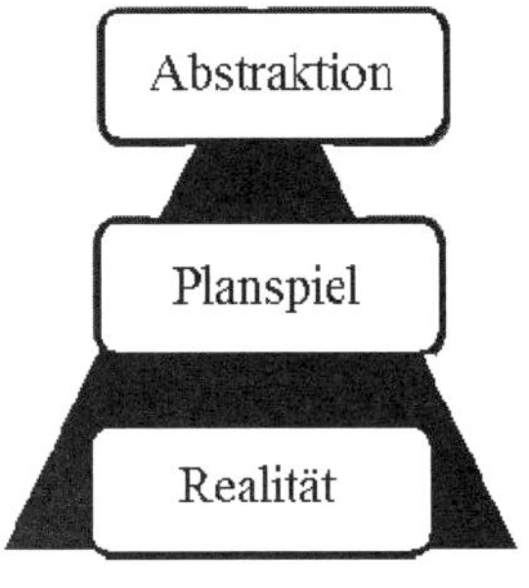

Planspiele bauen auf der Realität bzw. auf einem Teil der Realität auf, reduzieren aber die Komplexität. Dadurch sind Sie auf einem Abstraktionsniveau angesiedelt, das von sehr realitätsnah bis zu sehr abstrakt reichen kann (vgl. Kriz 2011: 16). Je nach Adressat ist der Grad der Reduktion der Realität entscheidend für den Erfolg der Simulation.

Abbildung 2: Eigene Darstellung in Anlehnung an Kriz 2011: 14-15; Klabbers 1999: 23.

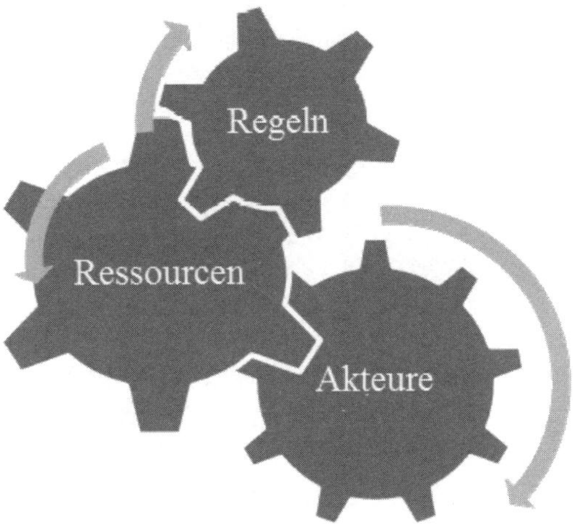

Weiter bestehen Planspiele prinzipiell aus Akteuren, Regeln und Ressourcen und können als Zusammenwirken dieser drei Komponenten verstanden werden (vgl. Kriz 2011: 14 nach Klabbers 1999). „Actors constitute systems of interactions. They draw upon rules and resources, while functioning in organizations" (Klabbers 1999: 23). Die Spieler übernehmen in einem Planspiel bestimmte Rollen und werden so zu Akteuren. Ein Akteur kann dabei ein Individuum, eine Gruppe, eine Institution oder Organisation sein. Akteure haben gewisse Freiräume für Entscheidungen und Interpretationen. Regeln geben den Handlungsspielraum und das Setting des Planspiels vor und sollten für die Spieler immer transparent sein (vgl. Kriz 2011: 15). Ressourcen werden dabei verstanden als real vorhandene Ressourcen wie Zeit, Geld, Handlungsspielräume etc. (ebd.).

Aus didaktischer Perspektive stellen Planspiele die Selbstständigkeit der Teilnehmer in den Vordergrund und sind handlungs- und prozessorientiert (Rappenglück 2004: 178). Ihnen wohnt das Prinzip des exemplarischen Lernens inne, da von der simulierten Problemstellung auf allgemeine Prinzipien geschlossen werden soll. Des Weiteren behandeln sie immer kontroverse Themen, die ergebnisoffen bearbeitet werden (ebd.).

3. Phasen des Planspiels

Vor der Durchführung des Planspiels muss zunächst eine Bedarfsanalyse durch die Lehrkraft stehen (Kriz 2011: 32). Wichtige Überlegungen sind hier zunächst, welcher Inhalt des Lehrplans durch ein Planspiel umgesetzt werden kann und welches Thema auch die Lebenswelt der Adressaten anspricht, d.h. welche Realität mit der Simulation vermittelt werden soll. Als nächstes geht es um den Komplexitätsgrad des Planspiels, der sich am Wissensstand der

Adressaten misst und somit um die Auswahl bzw. die Entwicklung des Spielszenarios. Weiter zu beachten sind praktische Dinge, wie das Zeitfenster, das für die Vorbereitung und die Durchführung des Planspiels zur Verfügung steht, ob es zusätzliche finanzielle Mittel gibt, um professionelle Unterstützung oder eine Planspielfirma zu engagieren, und schließlich auch, wie die Raumkapazitäten sind.

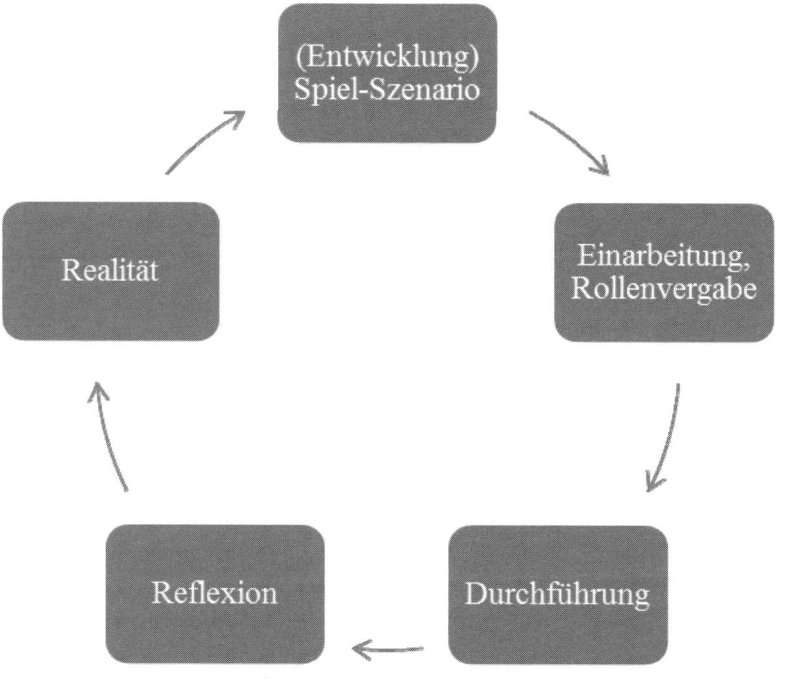

In der Vorbereitungsphase wird das Thema, die Planspielmethode, Regeln und Rollen, Materialien, Lern- und Leistungserwartungen (Positionspapiere schreiben, Portfolio erstellen), Lernziele und der Ablauf mit abschließender Reflexion dargestellt. Wenn Noten für die Leistungen beim Planspiel gegeben werden, kann dies dazu führen, dass die Teilnehmer sich nicht völlig frei emotional dem Spiel hingeben. Des Weiteren wird den unterschiedlichen Charakteren der Teilnehmer, aus denen auch das Engagement im Spiel resultiert, nicht Rechnung getragen, ebenso wie den verschiedenen Rollen. Die Notengebung hat hier einen besonders subjektiven Beigeschmack. Es empfiehlt sich auf andere Arten zurückzugreifen, wie etwa Portfolios. Nicht zu unterschätzen in dieser Einführungsphase ist eine adäquate Motivation der

Teilnehmer. Je stärker diese motiviert sind bzw. werden, desto mehr werden sie sich auch später in der Simulation engagieren.

Die Einführung in das thematische Feld kann auf unterschiedliche Weise stattfinden: frontal, in Gruppenarbeiten, als Hausaufgabe oder durch eine Kombination daraus. Wichtig ist, dass es eine Einführung in das gesamte Thema und in das Szenario des Spiels gibt. Des Weiteren sollte auch ein Überblick über die zur Verfügung gestellten Materialien und die zu simulierenden Akteure bzw. Gruppen oder Institutionen zu Beginn gegeben werden. Anschließend werden die inhaltlich relevanten Materialien für das Thema verteilt und entweder im Unterricht oder zu Hause gelesen. Diese können dann ggf. im Unterricht oder in Gruppen reflektiert werden, um eventuelle Rückfragen zu klären. Des Weiteren werden in dieser Einführungsphase die Regeln des Planspiels den Schüler/-innen erklärt: Es muss klar sein, wo Freiräume liegen und welche Regeln strikt eingehalten werden sollten, um den Ablauf des Spiels zu gewährleisten und Lernerfolge zu erzielen. Dies wird in der Regel von der Lehrkraft oder den Spielleiter/-innen durchgeführt.

Als nächstes finden die Rollenverteilung und die sich daran anschließende Einarbeitung in die Rollen statt. Dies kann durch eine detaillierte Rollenbeschreibung vorgegeben oder durch die Teilnehmer selbst erarbeitet worden sein. Zur Vertiefung bietet es sich an, dass die Spieler eigene Positionspapiere verfassen, in denen sie ihren Ausgangspunkt für die Verhandlung und ihre politische Meinung zu den Themen für alle anderen Akteure noch einmal mit eigenen Worten festhalten. Wichtig ist hier zwischen der Persönlichkeit der Rolle, die Herkunft, Charakter und Verhalten beinhalten kann, und der politischen Position der Rolle, die zu vertreten ist, klar zu unterscheiden. Positionspapiere beziehen sich nur auf letzteres, nicht auf die zu simulierende Persönlichkeitsstruktur.

Um einen harmonischen Spielverlauf zu gewährleisten, sind Regeln der Konfliktlösung und gewisse Verhaltensweisen im respektvollen Umgang miteinander aufzustellen, um eine fruchtbare Kommunikation und Kooperation unter den Teilnehmern zu gewährleisten. Dazu gehört auch, bewusstzumachen, dass die Spieler Rollen spielen und die ihnen vorgegebenen Positionen und nicht ihre eigenen vertreten. Damit sich die Teilnehmer klar von ihrer eigenen Personen distanzieren und in die Rolle schlüpfen können, gibt es einige Hilfsmittel. Dazu zählt, Namen und Namensschilder zu verteilen und einen Dresscode vorzuschreiben, um den Verfremdungseffekt noch zu verstärken.

Bereits in der Vorbereitungsphase macht die Lehrkraft auf die am Ende stehende Reflektion- und Evaluationsphase aufmerksam. Die Schüler/-innen müssen im Spiel auf ihr vorher Erlerntes zurückgreifen und lernen somit effektiv, ihr Wissen einzusetzen. Wichtig ist daher, die in Planspielen erbrachte Leistung und den Lernerfolg zu reflektieren. In der Reflexionsphase, die im Idealfall vor bzw. gemeinsam in der Gruppe durchgeführt wird, findet das eigentliche Lernen statt: „Nur wenn es gelingt, das Erlebte in adäquater Weise bewusst zu machen, kann der Teilnehmer in der Folge für sein Tun aktiv Nutzen aus dem Planspiel ziehen" (Birgmayer 2011: 44).

In der Vorbereitungsphase müssen sich die Spieler/-innen also mit dem Gegenstand bzw. der Problemlage vertraut machen, sie sollten Fakten und Informationen zur Thematik gelesen oder erarbeitet haben, die Regeln und den Ablauf des Planspiels kennen und sich der eigenen Rolle mit seinen Ressourcen, Zielen und Interessen bewusst sein.

In der Durchführungsphase sind die Anpassungs- und Eingriffsmöglichkeiten in das Planspiel durch die Spielleiter mit zu berücksichtigen. Diese können aufgrund von geänderter Teilnehmerzahl, veränderter Zeiten oder Räume jederzeit nötig werden. Daher sollte eine gewisse Flexibilität im Ablauf und durch die Leitung möglich sein.

Der Erfolg eines Planspiels und die Zufriedenheit der Teilnehmenden hängen neben einem inhaltlich ausgereiften Planspiel nicht zuletzt auch von einer guten Spielleitung ab. Hier wird vor allem die Führungskompetenz im Sinne einer verständlichen Erklärung des Spiels, nützlicher Hilfestellung während der Simulation, ggf. inhaltlicher Inputs, Engagement, Begeisterung und Interesse bei der Durchführung, Gestaltung einer angenehmen Lernatmosphäre, einer kompetenten Reflexion am Schluss und der Wahl der Komplexität des Themas, das die Teilnehmenden nicht über- und nicht unterfordert, berücksichtigt (Kriz 2011: 24). Welche Rolle der Leitung konkret in der Simulation zukommt, variiert sehr stark. Dies kann von einer rein begleitenden, über eine unterstützende Rolle in der Verhandlungsleitung bis hin zu einer kompletten Führung des Planspiels gestaltet sein. Generell sind der Grad der Handlungsautonomie, der Wissensstand und die einzelnen Fähigkeiten der Teilnehmer darüber entscheidend, wie groß die Einbindung der Leitung in den Prozess ist. Bei Vorlagen für untere Klassenstufen findet sich meist eine starke Einbindung der Lehrkraft (vgl. Klippert 2008). Bei Planspielen für höhere Altersgruppen in der Schule oder bei Simulationen an Hochschulen und in der Erwachsenenbildung hat die Leitung eher eine unterstützende oder begleitende Rolle.

Viele Planspiele beinhalten weitere Akteure als die rein simulierten, die dann von der Leitung gespielt werden. So können z.B. Vertreter der Medien oder Lobbyisten eingebunden werden. Ziel ist es zum einen, eine Abwechslung der reinen Verhandlung herbeizuführen, und zum Anderen, dass die Akteure sich ihrer Außenwirkung und weiterer Einflussfaktoren bewusst werden. Hinzukommen können auch für die Verhandlung entscheidende Institutionen wie bspw. auf europäischer Ebene das Parlament, der Rat oder die Kommission. Eine andere Möglichkeit ist ein aktuelles, simuliertes Ereignis, das die Geschehnisse im Planspiel zusätzlich beeinflusst. Dieses Mittel wird oft bei Model United Nations eingesetzt, wenn beim Sicherheitsrat der Vereinten Nationen bspw. beim Thema nukleare Sicherheit plötzlich ein Staat neue Atomraketentests durchführt.

Die Akteure selbst werden in der Durchführungsphase nach geeigneten Handlungsstrategien und Koalitionspartnern suchen und Verhandlungen mit der Gegenseite aufnehmen. Anschließend werden alternative Handlungsoptionen eruiert und weitere Schritte für die eigene Handlungsstrategie verfolgt. Abschließend folgt eine Kompromissfindung, z.B. durch Abstimmung mit allen Teilnehmern (vgl. Klippert 2008: 25).

In der inhaltlichen Reflexionsphase wird der politische Konzeptaufbau bei den einzelnen Schüler/-innen sichtbar. Am Beispiel der EU-Energiepolitik können die Schüler das politische System der Europäischen Union verinnerlichen, insbesondere durch die Selbsterfahrung der Simulation im Rat der EU das Ordentliche Gesetzgebungsverfahren sowie die Funktionsweise, das Abstimmungsverfahren, die Verhandlungsführung und Kompromissfindung vertiefen. Zudem lernen sie über das Politikfeld der Energiepolitik die unterschiedlichen nationalen Interessenslagen und die Heterogenität der Staaten kennen.

In der methodischen Reflexion stehen die zur Verfügung gestellten schriftlichen Spielunterlagen, der Realitätsbezug und der Grad der Komplexität des Planspiels, die Kompetenzen der Planspielleitung, Aspekte der Planspieldidaktik, ob die Probleme aus verschiedenen Perspektiven betrachtet werden konnten, aufgetretene Schwierigkeiten, der Umgang mit dem Vorwissen der Teilnehmer, Durchführungsdauer und -art und vor allem der Lernerfolg bzw. der Erkenntnisgewinn im Fokus (vgl. Kriz 2011: 32f.). Für die Einbindung in das zu behandelnde Themenfeld sollte nicht nur das Planspiel an sich reflektiert werden, sondern auch der Rückbezug auf die Realität. Diese Evaluation kann mündlich in der Gruppe, schriftlich z.B. durch Moderationskarten und anschließendes Sammeln an der Tafel oder auf Poster, durch Fragebögen (siehe bspw. Hitzler 2011: 63ff.) oder eine Kombination aus diesen stattfinden. In der Reflexionsphase werden die Teilnehmer aus ihrer simulierten wieder in die reale Welt geführt.

4. Eigenverantwortliches Lernen und Arbeiten

Planspiele eröffnen vereinfachte Zugänge zur politischen Realität. Dabei wird die Fachkompetenz mit spielerischem Agieren kombiniert. Planspiele lassen den Akteuren gewisse Freiräume, in denen sie kreativ handeln, ihre persönlichen Fähigkeiten spielerisch einbringen und entwickeln und ihr erlerntes Wissen nutzen können.

Die Teilnehmer können in einem Planspiel viele Kompetenzen erwerben bzw. weiterentwickeln. Durch die Selbsterfahrung mit der Methode Planspiel erwerben sie Methodenkompetenz, durch die Einnahme und den Umgang mit einer Rolle und die Vertretung von deren Standpunkt Redegewandtheit,

Selbstständigkeit, Durchsetzungsfähigkeit und Kreativität, in der Verhandlung mit den anderen Teilnehmern Sozialkompetenz und Teamfähigkeit. Sie erfahren die Mechanismen von Problemlösungen, sie setzen ihr erworbenes Wissen um und vertiefen Sachverstand und Fachkompetenz. Schließlich ist der Lernerfolg von Planspielen durch die Selbsterfahrung hoch (vgl. Rappenglück 2004: 136-182).

Insgesamt bieten Planspiele eine Abwechslung zum gewohnten Lernalltag. Durch die Realitätsnähe können die Teilnehmer spielerisch komplexe Themen selbst erfahren und erwerben außerdem weitere Kompetenzen. Da Planspiele aus dem Rahmen fallen, bleiben sie den Teilnehmer/-innen lange im Gedächtnis. Nicht zu unterschätzen ist allerdings der Zeitaufwand, den Planspiele mit sich bringen. Vor allem für die Organisatoren bzw. Lehrkraft sind Simulationen ein erheblicher Mehraufwand, den viele scheuen. Dennoch sind Planspiele immer die Mühe wert, weil sie den Aufbau konzeptueller Netze durch das selbständige Agieren in politischen Situationen ermöglichen und somit zum Erwerb von Fachkompetenz in Politik/Sozialwissenschaft beitragen.

5. Planspielangebot

Es kann ein Teil des Projektes sein, die Simulation selbst zu entwickeln. Entweder durch die Dozenten oder gemeinsam mit den Teilnehmern. Planspiele müssen aber nicht in Eigenarbeit produziert werden. Mittlerweile gibt es eine Vielzahl an Angeboten. Zum einen gibt es professionelle Planspielfirmen, die Material und Leitung zur Verfügung stellen. Hier muss lediglich für die Räumlichkeiten gesorgt werden. Des Weiteren gibt es etliche Planspielunterlagen in gebundener Form (vgl. Klippert 2010) und auch online, wie bspw. von der Bundeszentrale für politische Bildung. Die SAGSAGA (Swiss-Austrian-German Simulation And Gaming Association) bietet ebenfalls eine Fülle an Materialien an.

Bei der Auswahl von vorgefertigten Planspielen sollte immer auf die Urheber geachtet werden. Hier gibt es erhebliche Qualitätsunterschiede. Vor allem wenn Planspiele von bestimmten politischen Vereinigungen oder Wirtschaftsunternehmen mitfinanziert wurden, sollten die Materialien mit hoher Quellenkritik betrachtet werden, da eine einseitige Sicht auf die Dinge dargeboten werden kann. Wenn Planspiele sich an wahre Begebenheiten anlehnen, sollte weiter betrachtet werden, wie dort die Recherche erfolgte, um eine möglichst große Realitätsnähe zu gewährleisten.

Politiksimulationen werden auch kostenlos im Europäischen Parlament, im Bundestag und in den Landtagen durchgeführt. Die Spieler erhalten hierfür alle notwendigen Materialien und simulieren im jeweiligen Plenarsaal.

Das Konzept Model United Nations, welches es sowohl an Schulen wie an Hochschulen gibt, basiert auf einer höheren Eigenleistung der Spieler. Hier werden die Spielregeln, die Institutionen und die Diskussionsthemen vorgegeben. Die Spieler recherchieren zu ihrer jeweiligen Rolle selbstständig die Position und schreiben diese in einem Positionspapier nieder. Simuliert werden internationale Institutionen, die aber in der Regel nicht miteinander agieren (nichtinteraktive Simulation).

6. Materialien

Als Beispiel für ein Planspiel finden Sie im Anhang Auszüge aus Arbeitsmaterialien für eine Simulation des Rats der EU zum Thema der Europäischen Energiepolitik nach Fukushima. Die Materialien beinhalten eine Themeneinführung, den zu behandelnden Kommissionsvorschlag, eine Übersicht über das Institutionengefüge der EU, eine Beschreibung des Rats der EU und ein Rollenprofil.

Als ersten Schritt empfiehlt sich zunächst ein Einstieg in das Thema der Europäischen Energiepolitik. Das Arbeitsblatt gibt eine Einführung, die Schüler/-innen sind jedoch angehalten, einzelne Aspekte genauer zu recherchieren und sich über diese Kenntnisse gegenseitig zu informieren. So soll ein möglichst großer Überblick über die verschiedenen Aspekte des Themenfeldes entstehen.

Nach dieser thematischen Einführung wird der Kommissionsvorschlag für den zu bearbeitenden Rechtsakt vorgestellt (Material 2). Dieser beinhaltet vier Themenfelder der Energiepolitik, die in der Simulation bearbeitet werden. Nachdem die Schüler/-innen schon einen Überblick über das Politikfeld haben, können Sie nun erste Vermutungen anstellen, wie die unterschiedlichen Interessenlagen innerhalb der EU sein könnten.

Als nächsten Unterrichtsschritt werden die systemrelevanten Inhalte bearbeitet. Zunächst wird ein Überblick über das Institutionengefüge der Europäischen Union gegeben (Material 3), um dann auf den zu simulierenden Rat der EU und seine Abstimmungsregeln (Material 4) sowie den Gesetzgebungsprozess (Material 5), der dem Ablauf der Simulation gleichzusetzen ist, eingehen zu können. Hier empfehlen sich als Zwischenschritte zum einen die genauen Verhaltensregeln zu erklären und zum anderen eine Agenda des Planspiels durchzugehen.

Nach diesen Inhalten sollten die Rollen verteilt werden. Beim Rat der EU werden 27 Ministerposten vergeben. Bei wenigen Teilnehmern können kleine Länder, die ähnliche Positionen haben (z.B. die baltischen Staaten oder Zypern und Griechenland), auch gebündelt und von einer Person vertreten werden. Bei mehr Teilnehmern können große Länder wie Deutschland, Frankreich oder Großbritannien doppelt besetzt und Länder, die vor einem baldigen Beitritt stehen (momentan z.B. Kroatien), als Beobachter mit Rede- aber ohne Stimmrecht hinzugefügt werden. Hinzu kommt außerdem die Ratspräsidentschaft, die neutral sein sollte, die Verhandlung leitet und vor allem am Zustandekommen des Rechtsaktes interessiert ist. Ihr obliegt vor allem eine lenkende und moderierende Rolle. Bei hoher Teilnehmerzahl kann diese von zwei bis drei Schülern ausgeführt werden. Bei geringer Teilnehmerzahl kann diese Position die Lehrkraft übernehmen.

Nach der Rollenverteilung kann nun jeder sein eigenes Rollenprofil schreiben. Material 6 gibt ein Beispiel vor, an dem sich die Schüler/-innen orientieren können. Wichtig ist, dass Sie die aktuellen Minister/-innen darstellen und sich über diese informieren sollen. Das Rollenprofil beinhaltet daher zum einen persönliche Aspekte, die helfen, besser in die Rolle zu finden. Zum anderen wird aufgrund der nationalen Energiepolitik, die zu recherchieren ist, auf die einzelnen Themenpunkte geschlossen. So ergibt sich eine Position, an die sich die Schüler/-innen während der Simulation halten. Anzumerken ist noch, dass es sich bei dem Positionspapier um den Ausgangspunkt handelt, die Minister/-innen sind natürlich zu Kompromissen bereit.

Dann kann die Simulation des Ordentlichen Gesetzgebungsverfahrens starten. Die Rolle der Kommission, die zunächst den Richtlinienvorschlag präsentiert, wird von der Spielleitung übernommen. Anschließend gibt das Europäische Parlament, das ebenfalls von der Spielleitung dargestellt wird, seine Änderungswünsche aus der ersten Lesung bekannt. Dann beginnt der Rat mit seiner ersten Lesung. Wenn nach der zweiten Lesung immer noch keine Einigung zwischen den Institutionen erzielt wurde, kann ein Vermittlungsausschuss, unter der Leitung der Kommission, die von der Spielleitung übernommen wird, bestehend aus Mitgliedern des Parlaments, die ebenfalls von der Spielleitung simuliert werden, und Mitgliedern des Rates eingesetzt werden (siehe Material 5).

7. Literatur

Birgmayer, R. (2011): Planspiele beurteilen – ein Widerspruch? in: in: Hitzler, S. / Zürn, B. / Trautwein, F. (Hrsg.): Planspiele – Qualität und Innovation, Neue Ansätze aus Theorie und Praxis. Norderstedt: Books on Demand, S. 39-56

Breit, G. (2006): Gut gemeint ist nicht gut gemacht! Verstärkt Politik als Inhalt des Politikunterrichts Politikverdrossenheit? Politische Bildung, 4, S.47-65.

Hitzler, S. (2011): Wie gut ist mein neues Planspiel wirklich? in: in: Hitzler, S. / Zürn, B. / Trautwein, F. (Hrsg.): Planspiele – Qualität und Innovation, Neue Ansätze aus Theorie und Praxis. Norderstedt: Books on Demand, S. 57-80

Hüfner, K. (1995): UNO-Planspiele, UNO-Verlag: Bonn

Klabbers, J. (1999): Three easy pieces: a taxonomy on gaming, in: Saunders, D. / Severn, J. (Hrsg): Simulation and Games for Strategy and Policy Planning. London: Kogan Page, S. 16-33

Klippert, H. (2008): Planspiele, 10 Spielvorlagen zum sozialen, politischen und methodischen Lernen in Gruppen. Beltz Verlag: Weinheim und Basel

Kriz, W. C. (2011): Qualitätskriterien von Planspielanwendungen, in: Hitzler, S. / Zürn, B. / Trautwein, F. (Hrsg.): Planspiele – Qualität und Innovation, Neue Ansätze aus Theorie und Praxis. Norderstedt: Books on Demand, S. 11-37

Massing, P. (2004): Planspiele und Entscheidungsspiele, in: Frech, S. / Kuhn, H.-W. / Massing, P. (Hrsg.): Methodentraining für den Politikunterricht. Schwalbach/Ts.: Wochenschau, S. 163-194.

Massing, P. (2000): Planspiel, in: Kuhn, H.-W. / Massing, P. (Hrsg.), Methoden und Arbeitstechniken, (Weißeno, G. (Hrsg.), Lexikon der Politischen Bildung, Bd.3). S.127-130.

Rappenglück, S. (2010): Zielsetzung und Methodik, URL: http://www.bpb.de/lernen/unterrichten/planspiele/70260/zielsetzung-und-methodik (29.6.2012)

Rappenglück, S. (2004): Europäische Komplexität verstehen lernen, Wochenschau Verlag: Schwalbach/Ts.

8. Material: Das Planspiel „Die Folgen von Fukushima für die EU-Energiepolitik". Eine Simulation für den Rat der EU

Material 1: Einführung in das Thema

Arbeitsaufträge:

1. Lies zunächst die Einführung in das Thema.
2. Danach teilt Ihr Euch in sechs Gruppen auf, jede recherchiert zu einem der hier angesprochenen Inhalte:
   a) Die Katastrophe von Fukushima
   b) Übersicht über die Anzahl der Atomkraftwerke in den jeweiligen Mitgliedsstaaten der EU
   c) Das Ergebnis der Stresstests für die europäischen Atomkraftwerke
   d) Die 20-20-20-Ziele der EU
   e) Die Energiestrategie der EU
   f) Die Abhängigkeit von Energieimporten der europäischen Länder

   Zu jedem Thema haltet Ihr auf Plakaten zehn Punkte fest, die Ihr anschließend Euren Mitschüler/-innen präsentiert. Zum Nachlesen könnt Ihr die Plakate an der Wand aufhängen, so habt Ihr während des Planspiels einen guten Überblick über die verschiedenen Inhalte des Themenfeldes.

Am 11. März 2011 erlebte Japan eine der größten Katastrophen seiner Geschichte. Nach einem Erdbeben folgte eine 20 m hohe Tsunami-Welle, die einen Küstenstreifen von 400 km verwüstete und einen Tag später die Explosion im Atomkraftwerk Fukushima Daiichi nach sich zog, die zu einer Reaktorschmelze führte. 19 000 Menschen starben und viele Tausende mussten ihre Heimat auf der Flucht vor radioaktiver Verseuchung verlassen.

Die Katastrophe führte in den EU-Staaten zu vielen Diskussionen, jedoch mit unterschiedlichen Ergebnissen. Während Deutschland die Energiewende einleitete, um sich von der nuklearen Energiegewinnung zu distanzieren, und die Italiener per Referendum gegen den Einstieg votierten, bauen Frankreich und die Niederlande neue Atomkraftwerke. Wieder andere Länder wie Griechenland oder Malta, die noch nie durch Kernspaltung Energie gewonnen haben, sehen sich durch die japanische Katastrophe bestätigt, müssen aber gleichzeitig Atomstrom von Nachbarländern kaufen, um der eigenen Bevölkerung genügend Energie zu liefern.

Innerhalb der EU einigte man sich im März 2011 auf Sicherheitsbewertungen der Kernkraftwerke, die sogenannten Stress-Tests. Das Ergebnis ist, dass kein Kraftwerk vom Netz gehen muss, bei vielen ist jedoch die Erhöhung der Sicherheitsvorkehrungen nötig.

Nach der verheerenden Katastrophe von Fukushima und der Neubewertung der Atomkraft steckt die EU zwischen mehreren Zielen fest. Die Staaten der EU sind in hohem Maße von Energieimporten abhängig, über 50% des europäischen Energiebedarfs werden durch externe Einfuhren gedeckt, Tendenz steigend. Ziel der EU ist es, diese Versorgung durch Abkommen und Vereinbarungen zu sichern und gleichzeitig abzubauen. Im Rahmen des Klimawandels haben sich die Staaten der Europäischen Union auf selbstgesteckte Klimaziele geeinigt: die Minderung der Emissionen, die technische Weiterentwicklung erneuerbarer Energien und 20% Energieeinsparung bis 2020. Atomkraftwerke sind trotz ihrer Risiken CO2-freundlich und energieeffizient.

Energiepolitik ist ein wenig vergemeinschaftetes Politikfeld der EU, denn die Versorgung der Bürger/-innen mit Energie ist immer noch nationale Angelegenheit. EU-weite verbindliche Rechtsakte sind nur schwer auszuhandeln.

Quelle: eigene Zusammenfassung

Material 2: Vorschlag der Kommission für eine Richtlinie

Die Kommission hat dem Parlament und dem Rat der EU einen Vorschlag für eine Richtlinie unterbreitet, dem beide zustimmen müssen. Hier sind die wichtigsten Punkte kurz zusammengefasst, die Ihr in Eurer Sitzung des Rats der EU diskutieren werdet:

Thema 1: Abschaltung aller Atomkraftwerke bis 2050

Nach der Katastrophe von Fukushima sind die Folgen von Unfällen in Atomkraftwerken einmal mehr sichtbar geworden. Die Europäische Union sollte daher in der Welt mit gutem Beispiel vorangehen und bis 2050 alle Atomkraftwerke in den Mitgliedsländern abschalten.

Thema 2: Ausbau der erneuerbaren Energien

Wenn bis 2050 alle Atomkraftwerke abgeschaltet werden, muss die Energiezufuhr durch andere Energieträger sichergestellt werden. Um nicht auf fossile Brennstoffe wie Kohle zurückzugreifen zu müssen, die einen hohen CO2-Ausstoß haben und im Widerspruch zu den Klimazielen der EU stehen, sollten die erneuerbaren Energien ausgebaut werden, sowohl in Quantität als auch in Qualität. Ziel soll es daher sein, bis 2050 mindestens 50% des jeweiligen nationalen und somit auch des europäischen Energiebedarfs durch erneuerbare Energien zu decken.

Thema 3: Ausbau des europäischen Energiemarktes durch ein gesamteuropäisches Energienetz

Um die Energiewende zu ermöglichen, ist der Ausbau eines europäischen Stromnetzes, das nationale Grenzen überschreitet, unumgänglich. Regionen, die durch geographische Bedingungen bspw. von Wind und Sonne profitieren, sollten über leistungsstarke Netze die Energie in andere Regionen transferieren können. So kann ein freier Energiemarkt entstehen, der den Verbrauchern von Nutzen ist.

Thema 4: Anteil der externen Energieversorgung nicht höher als 50%

Derzeit deckt die EU ihren Energiebedarf zu 50% durch Energieeinfuhren. Diese Abhängigkeit sollte trotz der Abschaltung der Atomkraftwerke nicht erhöht werden. Nur durch einen gleichzeitigen Fortschritt von weiterer Energiegewinnung und durch den Ausbau des europäischen Energienetzes kann die externe Energieversorgung unter 50% gehalten werden.

Arbeitsauftrag:

Lies den Kommissionsvorschlag und tausche Dich mit Deinem Partner darüber aus, welche Position die unterschiedlichen Staaten der EU dazu haben könnten. In Eure Überlegungen solltet Ihr Euer bisheriges Wissen über die Energiepolitik der Länder (z.B. über die Anzahl der Atomkraftwerke in den jeweiligen Staaten) miteinbeziehen. Anschließend könnt Ihr Eure Ergebnisse im Plenum diskutieren.

Quelle: eigene Darstellung

Material 3: Das politische System der EU

Ihr werdet den Rat der Europäischen Union simulieren. Der Rat erlässt meist zusammen mit dem Europäischen Parlament im sogenannten Ordentlichen Gesetzgebungsverfahren bzw. Mitentscheidungsverfahren Rechtsakte. Die Vorschläge für solche Rechtsakte kommen von der Kommission. Der Rat der EU, das Europäische Parlament und die Kommission bilden das institutionelle Dreieck, sie sind die wichtigsten Entscheidungsträger der EU:

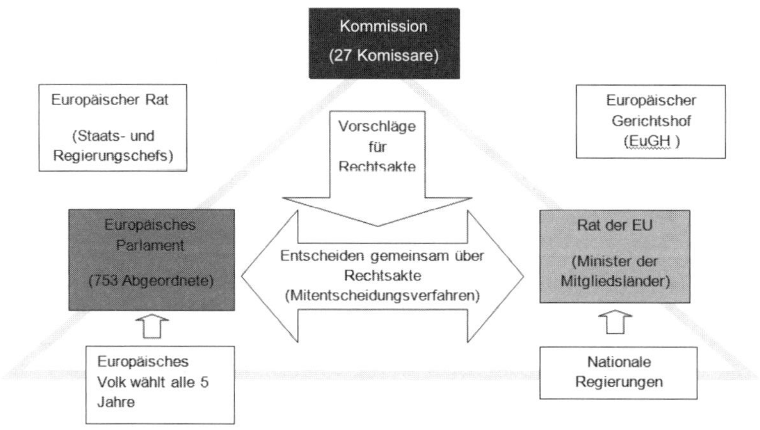

Arbeitsauftrag:

Teilt Euch in fünf Gruppen am besten mit jeweils fünf Personen auf. Jede Gruppe informiert sich nun über eine der hier abgebildeten Institutionen: Kommission, Europäischer Rat, Europäisches Parlament, Rat der EU und Europäischer Gerichtshof. Danach macht Ihr ein Experten-Puzzle. So seid Ihr bestens informiert über das politische System der EU!

Quelle: eigene Darstellung

Material 4: Der Rat der EU

Der Rat der EU setzt sich aus den jeweiligen Fachministern der nationalen Regierungen zusammen und tagt in zehn verschiedenen Zusammensetzungen:

- Allgemeine Angelegenheiten;
- Auswärtige Angelegenheiten;
- Wirtschaft und Finanzen;
- Justiz und Inneres;
- Beschäftigung, Sozialpolitik, Gesundheit und Verbraucherschutz;
- Wettbewerbsfähigkeit (Binnenmarkt, Industrie, Forschung und Raumfahrt);
- Verkehr, Telekommunikation und Energie;
- Landwirtschaft und Fischerei;
- Umwelt;
- Bildung, Jugend, Kultur und Sport.

Außer im Bereich der Außen- und Sicherheitspolitik, wo einstimmig entschieden wird, fasst der Rat Beschlüsse mit der qualifizierten Mehrheit, wie sie im Vertrag von Nizza festgehalten ist. Dazu muss die Mehrheit der Mitgliedsstaaten, also 14 von 27 Ländern, zustimmen und mindesten 255 der insgesamt 345 gewichteten Stimmen müssen abgegeben worden sein. Zudem kann jedes Mitgliedsland beantragen, dass überprüft wird, ob diese Mehrheit zugleich mindestens 62% der EU-Bevölkerung repräsentiert ist. Wird diese Kriterium nicht eingehalten, ist der Beschluss nicht gültig.

Stimmgewichtung im Rat der EU nach Nizza:

Mitgliedsland	Stimmen	Mitgliedsland	Stimmen
Deutschland	29	Österreich	10
Vereinigtes Königreich	29	Bulgarien	10
Frankreich	29	Slowakei	7
Italien	29	Dänemark	7
Spanien	27	Finnland	7
Polen	27	Irland	7
Rumänien	14	Litauen	7
Niederlande	13	Lettland	4
Griechenland	12	Slowenien	4
Tschechische Republik	12	Estland	4
Belgien	12	Zypern	4
Ungarn	12	Luxemburg	4
Portugal	12	Malta	3
Schweden	10		
Insgesamt			345
Qualifizierte Mehrheit			255

Quelle: Eigene Darstellung nach: Der Rat der Europäischen Union, 2012, Der Rat als Gesetzgeber, URL: http://www.consilium.europa.eu/council?lang=de (14.10.2012)

Arbeitsauftrag:

Schaut Euch die Tabelle mit der Stimmverteilung an. Überlegt in Partnerarbeit: Welche Länder haben durch ihre Bevölkerungsgröße und Stimmen vielleicht mehr Einfluss im Rat als andere? Welche Staaten könnten sich zusammenschließen, um schnell eine Mehrheit zu bekommen? Um zu testen, welche Koalitionen Ihr bilden könnt, um eine Mehrheit zu erreichen, gibt es auf der Homepage des Rates einen Abstimmungsrechner:

http://www.consilium.europa.eu/council/voting-calculator?lang=de

Bei Eurostat könnt Ihr die aktuellen Bevölkerungszahlen der Mitgliedsländer nachschauen:

http://epp.eurostat.ec.europa.eu/tgm/table.do?tab=table&plugin=1&language=de&pcode=tps00001

Anschließend könnt Ihr Eure Überlegungen und Ergebnisse im Plenum austauschen.

Material 5: Ablauf des Gesetzgebungsverfahrens bzw. der Simulation

In diesem Planspiel bist Du Energieminister eines Mitgliedsstaates in der Ratsformation „Verkehr, Telekommunikation und Energie". Auf der Tagesordnung steht die Zukunft der Energiepolitik nach dem Unfall im Atomkraftwerk von Fukushima. Ihr befindet Euch im Ordentlichen Gesetzgebungsprozess, auch Mitentscheidungsverfahren genannt. Die Kommission hat einen Vorschlag für eine Richtlinie gemacht, dem das Parlament und der Rat nun zustimmen müssen. Beide Institutionen können aber auch Änderungsvorschläge machen. Dies passiert in maximal drei Lesungen, die Ihr auch im Planspiel durchlauft. In der Simulation werden die Rollen der Kommission und des Parlamentes von der Spielleitung übernommen. Hier ein Überblick über das Verfahren:

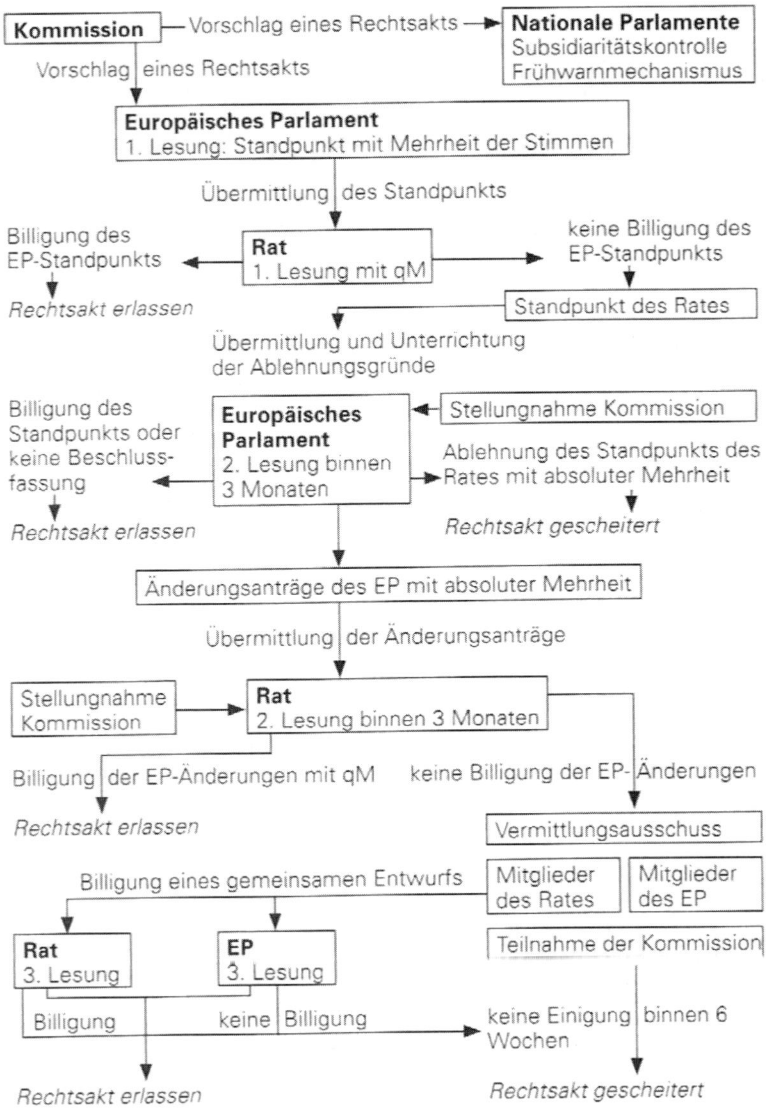

Quelle: Weidenfeld, W. (2011): Die Europäische Union, München: UTB, S. 156

Überblick über die unterschiedlichen Formen von Rechtsakten der Europäischen Union:

- Eine *Verordnung* hat sofortige, allgemeine und unmittelbare Geltung in allen Mitgliedsländern.
- Eine *Richtlinie* gibt das zu erreichende Ziel und einen Zeitplan für alle Mitgliedsstaaten vor, die nähere Ausgestaltung und der Weg dahin bleibt den Staaten überlassen.
- Ein *Beschluss* betrifft nur einzelne Mitgliedsstaaten, Unternehmen oder Bürger, ist für diese aber unmittelbar verbindlich.

Empfehlungen und *Stellungnahmen* sind rechtlich nicht verbindlich

Arbeitsauftrag:

1. Paar-Check: Erklärt Euch gegenseitig in Partnerarbeit zunächst das Gesetzgebungsverfahren der EU und anschließend die verschiedenen Rechtsakte.
2. Nun könnt Ihr zur Überprüfung Eures Wissens ein Tabu-Spiel mit den wichtigsten Begriffen, die Ihr bisher über die EU gelernt habt, selber anfertigen und anschließend spielen. Begriffe könnten z.B. Rat der EU; Richtlinie; Ordentliches Gesetzgebungsverfahren oder 1. Lesung sein.

Material 6: Rollenprofil

Als nächstes bekommst Du das Land zugeteilt, das Du in der Simulation vertreten wirst.

Arbeitsauftrag:

Nun kannst Du ein eigenes Rollenprofil schreiben. Dazu musst Du zunächst die Energiepolitik Deines Landes recherchieren und herausfinden, wer momentan der Energieminister/-in ist und zu welcher Partei sie oder er gehört. Dann kannst Du zu jedem der vier Themenbereiche, die im Kommissionsvorschlag an gesprochen sind, Stellung beziehen. Als Beispiel findest Du hier ein fiktives Rollenprofil. Daran kannst Du Dich orientieren und es als Vorlage benutzen.

Name:	Herr/Frau Sarront
Institution:	Rat der EU
Partei:	Parti socialiste (mitte-links)
Amt:	Energieminister/in
Heimatland:	Urbanien

Persönlichkeit:

Dies ist Ihr erstes Ministeramt. Trotz einer steilen politischen Karriere in verschiedenen Posten der Administration Urbaniens sind Sie als junge/r Minister/in bestrebt, keine Fehler auf dem diplomatischen Parkett zu machen und gleichzeitig Ihre Positionen durchzusetzen. Ihr Auftreten ist daher zunächst höflich und zurückhaltend, aber sehr bestimmt. Urbanien hat in der EU eine starke Position, die Sie nun repräsentieren müssen!

Position:

Thema 1: Abschaltung aller Atomkraftwerke bis 2050

Urbanien hat mit 70 die größte Anzahl an Atomkraftwerken in der EU, ein weiteres befindet sich im Bau. Diese decken 75% des nationalen Energiebedarfs. Keines von ihnen hat die Stresstests bestanden, alle müssen nachgerüstet werden. Die neue Regierung will die Anzahl der Atomkraftwerke reduzieren, hält aber das Diktat der Kommission für zu rigide. Urbanien will die Anzahl der Abschaltungen und den Zeitpunkt selbst bestimmen. Urbanien könnte aber mit einer Abschaltung von 20% der Kraftwerke leben, da dies ohnehin auf der politischen Agenda steht. In diesem Punkt stimmen Sie dem Vorschlag nicht zu, sind aber zu Kompromissen bereit.

Thema 2: Ausbau der erneuerbaren Energien

Die Urbanische Bevölkerung steht dem Ausbau erneuerbarer Energien laut letzten Umfragen positiv gegenüber und die neu gewählte Regierung will diesem Trend folgen. Derzeit kann Urbanien aber nur 15% des Energiebedarfs über erneuerbare Energien decken und investiert daher in den Ausbau dieser. Aber auch hier ist die Vorgabe, bis 2050 mindestens 50% des Energiebedarfs durch erneuerbare Energien zu decken, für Sie zu hoch gesteckt. Sie befürworten daher 30% bis 2050, sind aber auch zu Kompromissen bereit.

Thema 3: Ausbau des europäischen Energiemarktes durch ein gesamteuropäisches Energienetz

Ein Ausbau des europäischen Energiemarktes bedeutet eine Liberalisierung dieses Bereichs, welchem Urbanien nicht zustimmen wird, da in Urbanien Energiekonzerne und somit auch das Energienetz in nationaler Hand sind. Sie vertreten daher die Position, dass die Energieversorgung nationale Angelegenheit bleiben sollte und stellen sich gegen einen vorgeschriebenen grenzüberschreitenden Netzausbau.

Thema 4: Anteil der externen Energieversorgung nicht höher als 50%

Urbanien hat mit dem Bau seiner vielen Atomkraftwerke immer schon das Ziel verfolgt, so wenig wie möglich von externer Energieversorgung abhängig zu sein und will diese Linie auch in Zukunft fortsetzen. In diesem Punkt stimmen Sie völlig mit dem Kommissionsvorschlag überein.

Ziele:

Als neuer Minister wollen Sie auf jeden Fall eine Richtlinie in diesem Bereich verabschieden, dies wäre ein gutes Signal für Ihre Wähler zu Hause und ein wichtiger Schritt für Ihren Ruf in Brüssel. Der Rechtsakt darf nicht scheitern, dafür werden Sie durch viele Gespräche, Verhandlungsgeschick und Koalitionsbildung sorgen. Lediglich einige inhaltliche Punkte müssen zu Gunsten Urbaniens nachgebessert werden.

Autorinnen und Autoren

Blätte, Andreas, Prof. Dr., Institut für Politikwissenschaft, Universität Duisburg-Essen

Bienengräber, Thomas, Prof. Dr., Wirtschaftspädagogik und Wirtschaftsdidaktik, Mercator School of Management, Universität Duisburg-Essen

Gerngroß, Susanne, Lehrkraft für besondere Aufgaben, Institut für Politikwissenschaft, Universität Duisburg-Essen

Goll, Thomas, Prof. Dr., Sozialwissenschaften und ihre Didaktik, Technische Universität Dortmund

Gronostay, Dorothee, wiss. MA, Didaktik der Sozialwissenschaften, Universität Duisburg-Essen

Manzel, Sabine, Prof. Dr., Didaktik der Sozialwissenschaften, Universität Duisburg-Essen

Neumann, Dennis, Akad. Rat, Didaktik der Sozialwissenschaften, Universität Duisburg-Essen